| 흉노의 왕, 아틸라! |

리더십의 비밀

| 흉노의 왕, 아틸라! |

리더십의 비밀

초판 1쇄 발행일 2021년 12월 7일
초판 2쇄 발행일 2022년 4월 10일

지은이 Ph.D. 웨스 로버츠
옮긴이 김원태
펴낸이 양옥매
디자인 표지혜 송다희

펴낸곳 도서출판 책과나무
출판등록 제2012-000376
주소 서울특별시 마포구 방울내로 79 이노빌딩 302호
대표전화 02.372.1537　**팩스** 02.372.1538
이메일 booknamu2007@naver.com
홈페이지 www.booknamu.com
ISBN 979-11-6752-075-3 (03320)

* 저작권법에 의해 보호를 받는 저작물이므로 저자와 출판사의 동의 없이
　내용의 일부를 인용하거나 발췌하는 것을 금합니다.
* 파손된 책은 구입처에서 교환해 드립니다.

LEADERSHIP
SECRETS OF
ATTILA
THE HUN

• Ph.D. 웨스 로버츠(Wess Roberts)
• 옮김 | 김원태

| 흉노의 왕, 아틸라! | # 리더십의 비밀

★

CONTENTS

미국을 이끌었던 이들의 추천 글 9

역자 서문 12

저자 서문 17

개요 22

흉노의 왕, 아틸라의 생애 29

1 적지(敵地)에서 리더십의 자질을 배우다 47

2 책임지는 자가 되어야 한다 59

3 규칙을 따르는 법부터 배워라 66

4 평화는 '사기와 규율'에서 나온다 73

5 단결을 저해하는 교활함을 경계하라 79

6 존중을 주고, 존경을 받아라 85

7 겉으로 드러나는 모습도 중요하다 93

8 상대도 현명하게 선택하라 99

9 모든 책임은 리더에게 있다 106

10 작은 징후도 놓치지 말고 결단하라 114

11 말은 말고삐를 잡은 자에게 끌려간다 123

12 전리품, 부하를 위해 베풀어라 129

13 협상에도 기술이 필요하다 134

14 살아남은 패배는 훗날을 기약할 수 있다 141

15 과거에서 교훈을 얻어라 147

16 품위 있게 떠나라 153

┃ 아틸라이즘(Attilaisms): 엄선된 아틸라의 생각들 160 ★

미국을 이끌었던 이들의 추천 글

아틸라라는 이름 때문에 오해하지 마세요! 리더십에 대한 걸작인 이 책은 적절하고, 영감을 주며, 레이저 광선처럼 명확하며, 아틸라의 이미지에 딱 맞는 윈윈(Win-Win)할 수 있는 훌륭한 지혜로 가득 차 있습니다. 쉽게 읽을 수 있을 뿐만 아니라, 잊을 수도 없습니다!

★ 데니스 웨이틀리 박사
『The Psychology of Winning and Seeds of Greatness』의 저자

지난 몇 년 동안, 저는 어떻게 하면 업계에서 살아남을 수 있는가에 대한 책을 수십 권 읽었습니다. 아틸라는 그 모든 것들을 합친 것보다 더 많은 지혜를 가지고 있습니다. 아틸라가 아이아코카(Iacocca)[1]보다 훨씬 더 인상적이었습니다. 제가 보증할 수 있습니다.

★ 제임스 B. 패터슨
J. Walter Thompson 회사의 CEO

---

[1] 아이아코카(Iacocca) : 1978~1992년까지 자동차 회사 『크라이슬러』의 CEO. 1980년대 경영 혁신과 리더십을 대표하던 인물.

『리더십의 비밀』, 이 책은 성공적인 리더십에 대한 통찰력으로 가득 차 있습니다. 상식적인 지침을 놀라울 정도로 창조적인 방법으로 제시하고 있습니다. '일할 사람들을 어떻게 참여시키고, 힘든 일을 하게 만들 것인가?'라고 제목을 붙여야 할 겁니다. 하지만, 그렇게 하면 아주 흥미 있는 제목은 되지 않겠지요. 어쨌든 이 책을 강력히 추천합니다.

★ R. L. 크랜달
American Airlines 회장

이 책은 전혀 새로운 리더십 이야기 모음집입니다. 놀랍고 매혹적인 내용들을 담고 있습니다. 우리가 전에 수십 번 들었던 것과 같은 지루한 이야기는 한 군데도 없습니다! 이 책은 신선하고, 읽기 쉬우며, 어떤 나라나 어떤 시대의 지도자들에게도 의미가 있다고 생각합니다.

★ 조지 쿠프만
American Rocket Company 대표

확실한 고전으로 반드시 읽어야 할 책입니다. 재계와 기타 모든 분야의 사람들뿐만 아니라 운동선수들에게도 적용할 수 있는 의미 있는 가르침이 담겨 있습니다.

★ 조 테이즈만
전) 워싱턴 레드스킨스 쿼터백

웨스 로버츠는 그의 훌륭한 친구 아틸라의 도움을 받아 이 매혹적인 작품을 탐험하는 모든 사람이 리더십의 틀에 접근할 수 있도록 만들었습니다. 『리더십의 비밀』이 책은 유익할 뿐 아니라 재미있기까지 합니다.

★ 빅터 키암

레밍턴 프로덕트사의 CEO

이 책은 놀라울 정도로 다른 관점에서 리더십을 보여 줍니다. 굉장히 인상적입니다. 이 아이디어를 내가 하는 일에 많이 활용해야겠습니다.

★ 팻 라일리

LA 레이크스 코치

『리더십의 비밀』은 오랜 세월 동안 검증되어 온 리더십의 원칙을 우아하게 포착해 낸 책입니다. 오늘날의 경영자들이 꼭 읽어야 할 이 책은 개개인이 리더십 잠재력을 실현할 수 있도록 힘을 실어 줍니다.

★ 램 차란 박사

『Strategic Management and contributor to the Harvard Business Review』의 공동 저자

저도 성인(聖人)의 명성과 결부시켜 경영에 대한 책을 쓴 적이 있었지만, 아틸라가 이처럼 훌륭한 리더십의 지혜와 조언을 해 줄 수 있으리라고는 상상도 못 했습니다. 그래서 이 책을 읽기를 권장합니다.

★ 노만 R. 오거스틴.
마틴 마리에타사의 CEO, 『Augustine's Laws』의 저자

솔직한 콘텐츠를 보여 주는 이례적인 접근 방식입니다. 효과적인 리더십 기술을 개발하고 성장하고자 하는 모든 사람에게 아주 많은 도움이 될 겁니다.

★ 니도 R. 쿠베인
Creative Services, Inc의 CEO

아틸라가 지금까지 살아 있다면, 어떤 기업이라도 잘 이끌 수 있을 겁니다.

★ 앤드류 P. 칼호운. 주니어
The Resource Group 회장

아주 간결하고 기발하며 주목할 만한 방법으로 리더십의 틀을 설명합니다. 문체가 따분하지 않고 가볍게 읽을 수 있게 구성되었습니다.

★ 밀리터리 리뷰지

수십 번 읽었는데, 매번 읽을 때마다 더 많은 통찰력을 얻었습니다. 많은 사람을 책임지는 사람이라면 누구나 읽어야 할 보기 드문 책이라고 생각합니다.

★ 폴 H. 잘렉키
General Motors 부회장

농담조의 유머는 잘 만들어졌고 내면 깊이 반성할 기회를 줍니다. 리더십 기술을 술술 읽히게 하는 독특한 방법이 돋보입니다.

★ 존 C. Doc 반센
미 육군 준장

책의 끝부분에 있는 '아틸라이즘(Attilaism)' 섹션은 제가 읽은 리더십에 대한 것 중에서 최고의 요약입니다. 그 요약만으로도 책값의 몇 배나 되는 가치가 있다고 생각합니다. 모든 리더들, 특히 명망 있는 리더들은 매일 이 책을 읽으면서 하루를 시작해야 합니다.

★ 마이클 르보프 박사
『How to Win Customers and Keep Them for Life and The Greatest Management Principle in the World』의 저자

모든 미국의 경영자들이 읽고 명심해야 할 책입니다. 아틸라를 새로운 시각으로 살려 낸 웨스 로버츠를 칭찬하지 않을 수 없습니다.

★ 알버트 리
Call Me Roger의 저자

리더십에 대한 의지를 가진 사람들에게 오랫동안 많은 사람들에게 도움을 준 리더십 원칙과 관련된 풍부한 상상력과 다채로운 접근법을 제공해 줍니다.

★ 케네스 블란차드 박사
『The One Minute Manager』의 공동 저자

역자 서문

우연히 웹 서핑을 통해 이 책의 존재를 알게 되었다. 현역 군인인 나는 가끔씩 미군과 관련된 사이트를 둘러본다. 그러던 중 2020년 美 합참의장 선임병사고문(SEAC)[1] 의 권장 도서 목록을 발견하게 되었다. 그 목록에서 1번이었던 이 책의 제목을 보게 된 것이다.

이 책은 1988년에 발간된 것인데, 어떻게 2020년 미 합참의장 SEAC이 추천하는 도서 목록 중에서 1번으로 추천받게 된 것인지가 궁금증을 자아내기에 충분했다. 그래서 아마존을 통해 원서를 먼저 구입했다. 어떤 책일까 싶어 읽어 나가다 보니, 그 이유를 알게 되었다.

우리가 흔히 흉노라고 알고 있는 훈족(The Hun), 그 야만스런 부족을 통일시켜 로마 제국을 위협에 떨게 만든 그 원동력, 특히

---

[1] SEAC(Senior Enlisted Advisor to the Joint Chiefs of Staff) : 우리나라의 주임원사제도와 똑같다고 할 수는 없지만 비슷한 직책임. 합참의장에게 부사관을 포함한 모든 병사들 관련 업무에 대한 지휘 조언을 하는 직책.

리더십 분야에서의 비밀이 하나둘씩 베일을 벗는 것 같았다. 물론 저자가 말한 대로 그것이 사실일 수도 아닐 수도 있겠지만, 이 책을 읽는 동안만큼은 내가 흉노족의 왕 아틸라가 된 듯 착각을 하면서 읽어 나갔다.

특히 이 책에서 매료된 부분은 리더십의 비밀을 품은 것 같은 촌철살인의 짧은 문구들이다. 아틸라가 부족장들을 모아 놓고 직접 말하는 듯이 써 놓은 문구들이 마치 나에게 직접 말하듯이 귀에 쏙쏙 들어온다.

예를 들자면 이런 식이다.

"엉뚱한 질문을 하면 엉뚱한 대답만 들을 수밖에 없다.", "위임은 힘의 표시다.", "규율은 억압이 아니다.", "규율이 개성의 상실을 의미하는 것은 아니다." 등등.

저자가 각 장(章)을 시작하기에 앞서서, 아틸라의 생애를 설명해 준 것은 전체를 이해하는 데 많은 도움이 되었던 구성이라 생각된다. 왜냐하면, 각 장의 첫 부분을 아틸라의 생애 중에서 있었던 특정한 상황으로 시작하기 때문이다.

각 장은 흉노족과 아틸라가 처했던 특정 상황을 먼저 설명하고, 그 상황에 따라 아틸라가 자기 부족장들에게 하나씩 리더십의 비밀에 대해 설명하는 방식으로 진행된다.

그렇게 총 16개의 상황에 따른 리더십의 비밀을 하나둘씩 아틸라가 직접 설명하고 있다. 마치 아틸라가 나에게 말하는 듯 착각이 들 정도다. 그 비밀을 하나씩 들을 때마다 감탄과 함께 무릎을 치게 만들었다.

각 장의 중간에 나오는 아틸라의 명언, 문구들은 감탄을 자아내게 만든다. 생각하는 방법에 대해 되묻게 된다. 관점을 바꾸게 된다. 어떤 문구는 따로 적어 놓고 활용해야겠다고 생각할 정도이다.

그렇게 16개의 장이 끝나면, 마지막에 '아틸라이즘(Attilaism)'으로 엄선된 아틸라의 명언들이 요약되어 있다. 그것만 읽어도 충분히 가치가 있는 일이라고 생각한다. 그래서 마지막 '아틸라이즘' 부분은 영어 원문도 추가해 놓았다.

번역한 사람으로서 이 책을 읽는 방법에 대해 감히 얘기해 본다. 아틸라를 자신이라고 생각하고, 자신이 속한 조직과 그 구성원들을 부족장과 흉노족 사람들로 상황을 대입시켜서 읽어 보기를 권한다.

그리고 때로는 중간자적인 입장일 경우, 자신을 부족장으로 대입시켜서 읽어 보면 리더십에서 풀리지 않던 일들의 매듭이 하나둘씩 풀리지 않을까 생각한다.

은유적 표현으로 되어 있으니, 자신의 처지와 상황을 대입해서 읽어 보는 것이 리더십의 비밀에 좀 더 가까이 다가갈 수 있는 방법이라고 생각한다.

저자는 리더십에 이제 입문하는 사람들에게 도움이 될 것이라고 겸손하게 표현해 놓았는데, 내가 생각하기에는 리더십에 관계있는 모든 사람이 읽어도 도움이 될 명작이라 생각한다.

특히 현역 군인의 입장에서 후배 군인들이 간결하면서도 방법론이 아니라 생각을 하게 만드는 이런 종류의 리더십 책이라면 옆에 두고서 읽어 봄직한 책이라고 생각한다. 그래서 항상 휴대가 가능하도록 작은 사이즈로 만들었다.

리더십에 대한 아틸라의 공격적인 접근방법, 많은 사람들이 불가능하다고 여기는 것을 성취하기 위해 필요한 동정심과 강인함, 그리고 추진력의 균형을 맞추는 방법 등을 발견하게 될 것이다.

이 책을 통해 리더십에 관해 다시 한 번 생각해 보는 계기가 되기를 바라며 일독(一讀)을 권한다.

2021년 12월 1일
서울 용산에서

저자 서문

몇 년 전 막연한 아이디어에서 시작했다가 거의 1년 동안 나의 모든 관심은 이른 아침부터 밤늦게, 그리고 주말까지 오롯이 『흉노의 왕, 아틸라! 리더십의 비밀(Leadership Secrets of Attila the Hun)』에 집중되어 있었다. 이 기간 동안 나를 지탱해 주는 데 필요한 격려와 지원을 아끼지 않으신 많은 분들이 있었다. 나는 여전히 그분들에게 빚을 지고 있다.

우선, 나는 세릴, 저스틴, 제이미 그리고 제레미에게 감사를 표하고 싶다. 제레미는 우리 가족이 아니면서도 원고 정리와 그 이후의 교정과 개정 작업 내내 지속적인 도움을 준 친구이자 동료였다.

이 프로젝트가 시작되었을 당시 불과 10살밖에 되지 않았지만, 저스틴은 이 책에서 비유를 위해 선정된 주인공인 아틸라를 개념화하는 데 특별한 도움을 주었다. 세릴은 각계각층의 리더들의 행동을 꿰뚫어 보는 통찰력을 제공해 주었다. 제이미와 제레미는 이 프로젝트에서 아동기의 순수함이나 성인의 성숙함이 주는 너그러움을 느끼게 하는 종류의 지원을 아낌없이 해 주었다.

아니코 마이어스와 데이브 핸리는 배경 자료가 많지 않았던 아틸라에 대한 훌륭한 배경 자료를 제공해 주었기 때문에 내게 결코 작은 도움이 아니었다. 뛰어난 전직 군 지휘관이자 군대 동료였던 리 앨런은 내가 책의 주요 주제에서 크게 벗어나지 않도록 하는 멘토 역할을 해 주었다.

1984년 가을, 나는 보스턴에 있는 출판 에이전트를 통해 이 책을 발간해 줄 만한 출판사를 찾기 위해 혼자서 거의 모든 출판사의 문을 두드렸었다. 17개의 출판사로부터 17개의 서로 다른 이유들로 거절당한 후, 나는 다른 출판 에이전트로부터 내가 쓴 이 책이 그들이 출판할 만한 수준이 아니라고 생각한다는 것을 알게 되었다.

그래서 나는 자비를 들여 솔트레이크 시티에 있는 퍼블리서 출판사에서 출간하기로 마음을 먹었다. 그동안 만들어진 기존의 전통적 리더십을 다룬 것과는 전혀 다른 내 책에 관심을 가지는 사람들로부터 시작해서 시간이 가면서 차츰 널리 알리고자 하는 나의 생각이 점점 확실해졌다.

때마침 워싱턴 D.C.의 저명한 변호사 데이비드 코퍼스가 원고를 읽어 보고는 로스 페로트에게 원고를 보내 볼 것을 제안했다. 한정된 양이었지만 초판이 인쇄되자마자, 나는 로스에게 데이비드의 추천서와 함께 그 책을 보냈다.

로스는 생각할 시간을 충분히 가진 이후, 그 책에 대해 나와 논의하게 되었다. 그는 초판 700부를 구입한 이후, 이 책을 계속해서 보급하고 더 널리 팔릴 만한 가능성을 찾아보기 위해서 알버트 리의 『Call Me Roger, Inspired me!』에서 공개적으로 소개하기로 했다.

이후 3년 동안 『리더십의 비밀』은 가장 부유하고 영향력 있는 사람에서부터 길거리의 평범한 남자에 이르기까지 수천 명의 미국인들에게 읽혔다. 이는 세릴과 나에게 엄청난 경험이었다.

우리는 그 책을 광고하거나 추가 인쇄본 구매에 대한 정보를 제공하지 않았지만, 독자들이 우리를 계속 격려해 주었다. 우리는 그들과의 대화와 연락을 즐겼다.

나는 이 책이 그들의 삶에 조금이라도 가치를 더하기를 바라고, 그들의 후원과 격려의 말에 고마움을 느낀다. 우리가 집에 있는 작은 사무실에서 『리더십의 비밀』을 배송하는 동안(저스틴, 제이미, 제레미와 함께 주문을 받고 포장하고 발송했던 시기)은 우리가 가족처럼 함께해 온 소중한 시간이었다.

1988년 5월, 미국의 가장 큰 기업 중 하나인 GM의 경영 실패를 프로파일링한 책인, 앞에서 언급한 『Call Me Roger!』에 소개되었던 예상치 못한 칭찬 덕분에 이 책의 운명은 극적으로 바뀌었다. 작가 알버트 리는 로저 스미스 GM 회장이 GM의 새로운 새턴 사업 부분 매니저가 참석한 저녁 식사 때 내 책을 나누어 주려 하던 것을 그의 새로운 사업 파트너가 말리려고 했을 당시의 에

기치 않았던 상황에 대해 자세히 설명해 주었다. 이것은 나에게 빅뉴스였다.

그 당시 나는 알버트가 해 준 이 칭찬의 말이 결국 책의 미래 가치를 중요하게 생각하는 워너북스 출판사의 관심을 끌게 될 것이라고는 생각도 못했다. 고마워요, 알버트!

그 과정의 첫 단계는 헨드리 웨이싱어 박사가 나에게 『리더십의 비밀』 1권을 출판 에이전트인 리처드 파인에게 보내라고 한 제안에서 시작되었다. 두 달이 훌쩍 지나서, 나는 다시 퇴짜를 맞지 않을까 하는 두려움을 이겨 낸 후에야 리차드에게 전화를 걸 수 있었다.

그는 내 책에 대해서 들어 본 적은 없지만 한번 보겠다고 말했는데, 새삼 놀랄 일도 아니었다. 사업의 달인인 리차드는 워너북스와 함께 『리더십의 비밀』을 채 2주도 되지 않아 출판까지 해서 내놓았다. 모든 일이 매우 느긋하게 진행되는 곳인 내 고향 유타 주의 시더시에서는 상상도 할 수 없는 기록적인 속도로 출판이 된 것이다.

워너북스 사람들은 함께 일하는 것을 아주 좋아해 주었다. 특히 내 작품을 자신의 것처럼 다듬어 준 릭 호건 편집장에게 감사드린다. 래리 커쉬바움 워너 사장은 이번 출판과 관련된 전반적인 활동을 처음부터 끝까지 열정적으로 지도했다. 두 사람은 주변의 많은 사람들이 같이 있고 싶게 만드는 대단히 재주가 있는 사람들이었다.

  마지막으로 아메리칸 익스프레스와 파이어맨스 펀드에서 10년 가까이 있는 동안에 래리 위센과 협력할 수 있는 기회를 갖게 된 것은 나에게 행운이었다. 그는 나에게 자신감, 신뢰, 시기적절하고 현명한 조언, 진실성에 대한 개인적인 사례, 그리고 내가 배우거나 내가 이해할 수 없었던 많은 것들을 성취할 수 있게 관용을 베풀어 주었다.

캘리포니아 로너트 파크에서

1988년 8월에

Wess Roberts

개요

훈노(The Huns)의 왕 아틸라는 리더십에 대한 비유로 적절할지 의심스러운 인물이다. 그는 역사를 통틀어 볼 때 야만적이고 못생긴 작은 폭군으로 묘사되어 왔다. 그들의 무리는, 평화에 대한 기존의 원칙을 완전히 무시하고, 아름답고 고요한 시골 마을들을 파괴한 후, 더 문명화된 유럽 국가들이 살고 있는 수많은 도시와 마을을 약탈하고 또 약탈했다.

뛰어난 지도자, 천재적인 문명인 또는 자애롭고 훌륭한 왕으로서의 어떤 특징도 찾아볼 수 없는 사악한 이미지의 아틸라는 보통 풍자를 할 때 참고삼아서 등장하거나, 일반적으로는 모든 세대, 조직 또는 명분을 중요시하는 리더들에게 끔찍하고 혐오스럽다고 생각하는 자질과 특성을 두루 갖춘 인물로 알려져 있으며, 또 그런 사례로 주로 인용된다.

일반적으로, 리더십 서적은 사업, 운동, 의학, 연예, 교육, 종교 또는 군대에서 성공의 정점에 이름으로써 사회적으로 인정받은 사람들의 삶과 업적에 기초한다. 물론 그런 책에 적힌 내용 중에서 많은 것들이 연구할 가치가 있는 것으로 판명되었다. 그 속에는 우리 자신의 리더십 개발을 위한 귀중한 교훈이 담겨 있다.

그러나 때로는 그런 책에 포함된 리더십 원칙의 본질을 추출하는 작업은 고민스런 도전이기도 하다. 훨씬 더 어려운 것은 이 책 속의 생각들을 우리 자신의 삶에 적용하는 것이다.

리더십은 조직의 목적을 수행함에 있어 다양한 수준의 권한으로 성공적인 노력과 실패한 노력에 대한 책임을 지며 다른 사람들의 행동을 지도할 수 있는 특권을 말한다. 리더십은 체계적인 모델을 구성하지는 않는다. 다른 사람의 행동에 영향을 주는 어떤 환경이나 조건, 상황을 기대할 수 있는 리더십의 모델이나 시스템은 없다. 리더십 원칙에 대한 평가는 전문 분야에서 성공하는 데 필요한 다른 기술을 만들 수 있는 효과적인 기반을 얼마나 제공하느냐에 달려 있다.

바로 이런 이유로 나는 이 책의 중심인물로 아틸라를 선택했다. 그가 만들었던 나라는 사라진 지 오래고, 유목민 흉노들은 더 이상 돌아다니지 않으며, 그는 어느 누구도 본받을 것 같지 않은 롤 모델이다. 하지만 그의 발자취는 리더십에 입문하는 사람들을 위해 강력하면서도 좋은 토론의 장을 제공한다.

흉노족은 개별적으로 그들의 다음 야영지를 만드는 것 외에 공동의 목적이 없는, 기백이 넘치고 활기차지만 서로 신뢰할 수 없는 사람들이었다. 내부 무역을 위한 상품들이 없었기 때문에, 그들은 식량과 생존에 필요한 다른 물자를 얻을 수 있는 전리품들을 찾아 온 마을들을 약탈하고 다닌 것이다.

젊은 아틸라가 이 야만적인 무리를 '흉노의 나라'로 통합할 때 그는 생각했던 것보다 더 큰 리더십의 도전에 직면했다. 그는 여러 지파와 가문뿐만 아니라 자기 친형제들과 삼촌들로부터도 속기도 하는 등 위험과 시련과 고난을 받았다. 그가 이끈 군대는 더 단련되고, 더 잘 훈련되고, 더 많은 것을 갖춘 세력들과 대항하며 성장했다.

예하 부족장들 중에서 세계 정복과 '흉노의 나라' 건설이라는 아틸라의 꿈을 같이 꾸었던 사람은 거의 없었다. 그는 이런 부족장들을 설득했고 반대 의견에 귀를 기울이며 어려움을 극복했다. 그들의 삶에 대한 두려움, 아틸라의 우월한 논리에 대한 경외감, 그리고 다른 방법으로 얻을 수 있는 것보다 더 풍성한 전리품을 기대하는 욕망들이 아틸라에 대한 충성심으로 변화되어 갔다.

평화 조약의 조건으로, 아틸라는 한때 동로마 제국의 황제 테오도시우스 2세로부터 조공을 받기도 했다. 그리고 아마도 지치고 늙어 가는 왕이어서 그렇게 하였는지 모르겠지만, 아틸라는 교황의 간청을 받아들여 자신의 군대를 이끌고 고향으로 발길을 돌리기도 했다.

아틸라에 대해 글을 쓰는 사람들의 서로 다른 관점 때문에 - 정치적 선호에 의해 편중되지 않았더라도 상당 부분이 지어낸 이야기임이 틀림없는데 - 아틸라는 오늘날 기업가, 외교관, 사회

개혁가, 정치가, 시민활동가, 뛰어난 야전 사령관과 몇몇 훌륭한 단체의 우두머리 등으로 그려질지도 모른다.

그렇지만 나는 아틸라를 이 그럴듯한 라벨이나 현대의 컬트 만화의 영웅으로 만들 목적으로 이 책의 주인공으로 선택한 것은 아니다.

오히려, 아틸라의 건실한 삶과 단호하면서도 강인하고, 호기심을 자극하는 지도자(극복할 수 없을 것 같은 역경을 무릅쓰고 어려운 일을 해내고 도전적인 업적을 남긴 사람)로서 논란이 되는 이미지는 그를 두려워하지만 않으면, 아주 평범하고 흥미진진한 읽을거리에 대한 새로운 교육적 태도를 즐길지도 모르는 새로운 세대의 지도자들과 리더십의 기본을 연관 지을 수 있는 매력적인 기회를 제공한다.

내가 아틸라를 선택한 이유의 근거를 설명하고, 그가 어떤 사람이었는지 거의 알지 못하는 사람들을 위해, 그의 인생과 전설에 대한 간략한 역사를 이 책의 서문에 포함시켰다.

사실, 저명한 역사가들조차도 아틸라의 군대의 규모뿐만 아니라 흉노가 세운 나라의 전체 인구에도 동의하지 않는다는 것은 피할 수 없는 논란거리다. 어쨌든, 그런 숫자들은 여기에서 제시한 것과 다른 출처들에서 보면 과장되었을 가능성이 크다. 저명한 역사학자들조차도 그의 군대의 규모를 추정하는 데 어려움을 겪었다고 하니, 기록되어 있는 다른 많은 것들도 의문과 해석의 대상이 될 수 있다는 것도 이해가 된다.

그리고 내가 비유적으로 선택한 리더인 아틸라를 설명하는 데 객관성을 확보하려고 노력했지만, 사실 나는 그와 흉노족에게 다른 곳에서 발견되는 것보다 약간 더 긍정적인 이미지를 보태 주었다.

각 장은 아틸라의 삶에 대한 설명을 바탕으로 시작하는데, 아틸라가 야전 숙영지에서 그의 부족장들과 흉노족에게 다양한 리더십 원칙에 대해 강의하는 것과 관련된 상황과 경험을 제공하는 역할을 한다.

그 당시에 있었던 주요 사건이나 일들과는 직접적인 관련이 없지만, 이런 설명은 독자들에게 자신의 상황을 시각화하고 어떤 시대, 사회, 조직 또는 상황에서든 리더십의 성공과 관련된 몇몇 격언들을 대비해 볼 수 있는 기회를 제공한다.

아틸라가 이 책에서 말하는 경구들이 흉노의 왕이 한 말이라는 사실에 대해서는 명확한 근거가 없다. 그것들은 오히려, 내가 나의 경험, 연구, 관찰을 바탕으로 쓴 것들이다. 그것들은 일부 까다로운 비평가들에 의해 검토되고 검증되었으며 상당한 정밀 조사를 거친 후에야 이 책에 녹아들었다.

이러한 종류의 어떤 책에서든, 사람들은 그들의 글이 완성된 후에도 남아 있는 몇 가지 가슴을 찡하게 만드는 생각들을 발견하기 마련이다. 나에게도 그렇게 남아 있는 생각들을 모아서 '아틸라이즘(Attilaisms)'이라는 제목하에 설명해 놓았다. 그것은 '리더십 입문서'의 역할을 할 것이라 생각한다.

과거, 현재 또는 미래의 리더들 중에서 아틸라와 같은 사람을 찾아보려는 노력이나 아틸라와 같은 조직을 찾아보려는 시도는 하지 않았다. 그렇게 하는 것은 이 책이 의도한 메시지로부터 주의를 분산시킬 뿐이고 지칠 줄 모르는 지루한 논쟁으로 귀결될 것이기 때문이다.

이 책에 리더십 능력을 계발하는 마법의 공식은 없다. 리더십 기술, 태도 및 특성을 빨리 습득하게 만드는 특별한 방법은 아직 발견되지 않았다. 수세기의 과거처럼, 당분간은 이전에 배운 교훈에 기초하여 지도자의 특성을 한 번에 하나씩, 조금씩 습득하는 것이 본질인 것 같다.

나는 이 책의 교훈과 개념들을 사람들을 리드하기 위해 알려진 모든 것들의 결정체로 여기진 않지만, 우리가 흔히 말하는 리더십을 이해하기 위한 포괄적이고 근본적인 시작은 될 수 있다고 생각한다.

흉노의 왕, 아틸라의 생애

불가사의한 기원을 가진 민족으로 역사의 무대에 등장한 흉노족들은 유목민이었고, 다민족이었으며 다언어를 사용하던 부족들의 집합체였다. 그들의 기원이 우랄족의 유럽 쪽이었는지 투르크계 또는 아시아계 출신이었는지는 거의 기록이 없으며 이따금씩 혼란스러운 구술 역사로 전해져 오고 있다.

국가적 목표도 없이 방목되어 있던 흉노족은 느슨하게 연대된 부족들이 끊임없이 이주를 반복하던 민족이었다. 그들의 전사들은 많은 아이들과 여자들을 이끌고 가죽으로 덮여 있는 마차를 타고 다니며 약탈을 일삼았다.

그들의 오랜 이주 생활은 자연에 경의를 표하는 끝없는 노래처럼 정신적으로 고무된 단조로운 방황이었다. 이 노래들 위에는 코웃음을 치는 말들과 채찍 소리가 끊임없이 울렸다. 짐승의 가죽과 모피를 입은 흉노족들은 검고 노란 피부, 긴 팔, 큰 가슴, 그리고 교활하고 잔인함이 뒤섞인 칙칙한 눈빛과 좁게 치켜 올라간 눈초리를 가진 것이 특징이었다.

그런 전사들은 어렸을 때 가죽 끈으로 단단히 동여맨 나무틀로 인해 두개골이 변형되었다. 전사들의 턱수염이 거의 없었던 이유는 젊은 시절 불에 달군 쇠로 뺨을 그슬려 수염이 자라지 못하게 했기 때문이었다.

그들은 허벅지 사이에 끼우거나 말 옆구리에 달고 다니던 주머니에 들어있는 딱딱하게 굳어진 날고기를 먹었다. 부족한 영양분은 암말에서 짠 우유로 보충했다.

심지어 이 무리들의 무기는 이국적이긴 했지만 당시 문명 세계와 비교하면 세련되지도 않고 뒤처졌던 것으로 여겨졌다. 그들의 전사 정신은 그들을 반복되는 약탈로 가득 찬 영광의 낙원을 찾아 계속해서 빠르게 옮겨 다니는 삶으로 내몰았다.

문명 세계 입장에서 보면 그들은 겉모습과 생활양식 모든 면에서 야생 동물과 크게 다르지 않은 야만인이었다. 이 야만인 무리는 존재만으로도 그 지역의 주민들에게 충분한 공포심을 심어주어서, 주민들은 별다른 저항이나 그에 따른 보복 없이 스스로 마을을 포기하기도 했다. 이 당혹스럽고 야만적인 과거로부터 세계가 알고 있는 가장 무서운 지도자 중 하나가 등장한다.

훈노의 왕! 아틸라!

아틸라는 서기 395년경, 다뉴브강 계곡의 어느 마차 안에서 태어났다. 그는 문주크(Mundzuk) 왕의 아들이며 그의 조상은 32대까지 추적해 볼 수 있었다. 그의 집안은 훈노족 무리의 혈통을 이어받았고 몽골의 특징을 뚜렷하게 가지고 있었다.

처음 양에 올라타는 방법을 배운 아틸라는 훗날 기마 기술에도 놀라운 기량을 가지게 되었다. 그는 활, 창, 밧줄, 검, 채찍도 능숙하게 다루었다. 이는 그들 민족에게는 전통적으로 전해 오던 기술이었으며, 귀족 계급에게는 의무적으로 갖추어야 할 재능이었다.

그는 자신의 강인함에 대한 확실한 자부심과 더불어 약자에 대한 오만함을 동시에 갖고 있었다. 그의 강인함에 대한 자부심은 종종 모험적인 원정 사냥에서 무리들 앞에 입증되었는데, 그는 늑대와 곰을 그물로 잡은 다음 짧은 단도로 그들의 내장을 도려내는 것으로 자신의 강인함을 드러내기도 하였다.

그는 아버지와 강한 유대감을 보이며 특별한 관계를 유지했었는데, 아틸라가 아직 어렸을 때 문주크 왕이 죽으면서 그 유대감이나 특별한 관계를 오래 유지할 수가 없었다. 그 후 그는 삼촌들, 특히 문주크 왕의 왕위 계승자였던 루길라(Rugila)의 잔인한 욕심의 희생양이 되었다.

훈노족이 쉽게 이길 수 있다고 생각했던 다른 민족에게 굽실대는 루길라의 정책에 대해서 아틸라가 공개적으로 비판한 사건은 그의 어린 시절을 바꾸어 놓았다.

12살 때, 아틸라는 로마 호노리우스(Honorius) 궁정에 꼬마 인질로 보내졌다. 로마인들과 체결한 인질 교환 협정에 따라 루길라는 그 보답으로 아에티우스(Aetius)라는 이름의 젊은이를 볼모로 맞이했다.

그것은 로마 제국의 엉큼한 간계였다. 볼모로 보내는 한편, 로마 제국은 궁정에서 인질들에게 - 이 어린 인질들이 자신의 나라로 가지고 돌아갈 - 그들의 호화로운 삶의 관습, 전통, 그리고 화려한 로마 궁정의 생활 방식을 가르쳤고, 이는 로마의 영향력을 외국으로 확장시키는 역할을 할 것이라고 생각했다. 반면, 제국에 의해 인질로 보내진 젊은이들의 첩보 능력은 대단히 뛰어난 수준이어서 로마 제국은 그들을 적극적으로 활용했다.

아틸라는 그의 로마인 멘토들이 그에게 쏟아붓는 정치적 선전 공세에 저항했다. 그는 개인적으로 로마인들이 하는 것이라면 모든 것을 거부했다. 그는 다른 어린 인질들에게도 저항 정신을 심어 보려 했지만, 그의 시도는 실패했다.

아틸라는 적어도 두 번 정도 탈출을 시도했다. 탈출하는 데 실패한 그는 마치 우리에 갇힌 짐승처럼 궁정을 배회했다. 제국의 정책과 관행에 대한 그의 증오는 나날이 커져 갔다.

감금된 생활을 했던 이 시기는 어린 아틸라에게 절망의 시기였다. 그는 이기적인 루길라에게 배신당한 것이었다. 그는 고국과 그에게 더 친숙한 흉노족의 관습들을 몹시 그리워했다.

탈출에 실패한 아틸라는 겉으로는 자신의 볼모라는 신분에서 벗어나려는 시도를 그만두면서 로마 제국을 집중적으로 연구하는 것으로 관심을 돌렸다. 그는 로마 제국의 대내외 정책에 대해서 연구하기 시작했다. 종종 외국의 사신들과의 외교회담을 은밀하게 숨어서 관찰했고, 로마 제국의 강점과 약점을 관찰하면서 제국의 군대를 연구했다. 이를 통해 리더십, 의전, 그리고 미래의 통치자와 외교관들에게 적합한 필수 요소들을 배웠다.

아틸라가 세계를 지배하려는 전략을 구상한 것은 바로 로마 궁정에 볼모로 있는 동안이었다. 그의 계획은 체계적이고, 매우 정확했다.

아틸라가 호노리우스의 궁정에 있는 동안, 그와 맞바꾼 평생의 맞수였던 아에티우스는 흉노족 루길라 왕의 궁정에서 비슷한 시간을 그렇게 보내고 있었다.

아에티우스는 판노니아(Pannonia)의 한 게르만(German)인인 가우덴티우스(Gaudentius) 집안의 아들로 태어났으며, 그는 '말의 달인' 또는 '아프리카 백작'이라는 칭호를 가지고 있었다. 그도 아틸라와 마찬가지로 갈리아(Gaul)에서 그의 아버지가 반란을 진압하던 중 사망함으로써 아버지와의 관계가 그렇게 오래 지속되지는 않았다.

어린 인질이었던 아에티우스는 이 시기를 활용해서 루길라 왕과 다른 흉노족의 귀족들과 신뢰 관계를 쌓아 나갔다. 마찬가지로, 그도 아틸라가 그랬던 것처럼 흉노의 관습, 전통, 동기를 배워 나갔다. 흉노는 아에티우스에게 무기를 사용하는 방법에 대한 훈련, 그리고 사냥과 승마를 가르쳤고, 아에티우스가 나중에 샬론(Chalons)전투[1]에서 아틸라를 상대할 수 있는 기반을 제공해 주게 되었다.

아틸라가 다뉴브강 계곡으로 다시 돌아왔을 때, 그의 부족들은 왕에 의한 중앙의 정치적·군사적 통제로부터 독립된 상태로 운영되고 있었다.

아틸라는 각 부족장들과의 관계를 새롭게 하고 발전시킴으로써 권력을 장악해 나가기 시작했다. 부족장들과의 관계가 발전하게 된 것은 흉노의 영토들을 원정해 가면서 많은 사냥을 한 덕분이었다. 그는 감성적 매력으로 족장들의 충성심을 이끌어 냈고, 그들의 전사 본능을 일깨워 주었으며, 약탈하면서 영광을 누리는 동안 그들만의 욕구를 부추겼다.

---

[1] 샬론(Chalons) 전투 : 카탈루니아 평원의 전투라고 알려져 있음. 아틸라 지휘하의 흉노족과 아에티우스 지휘하의 서로마 대군과의 전투. 서로마의 아에티우스가 흉노족을 격파하였다.

다뉴브강 계곡에서 아틸라가 어떻게 부족의 왕이 되었는지는 역사적 설명에 따르면, 그의 동생 블레다(Bleda)가 사냥 중에 죽었기 때문이라고 한다. 그가 왕이 되는 과정에 대한 또 다른 기원은 흉노족에게서 더 영웅적인 전설로 내려오고 있다.

이 전설에 따르면, 블레다가 죽자 장례를 치르려고 모인 각 부족의 부족장들은 누가 그들의 왕이 될 것인지를 놓고 논쟁을 벌였다고 한다. 논쟁이 벌어지고 있는 도중에 한 청년이 근처 초원 한가운데에 불타는 검이 나타났다고 알렸다. 그 청년을 따라 초원으로 간 부족장들은 불타는 검을 아틸라가 손을 뻗어 집어 드는 것을 경외하는 눈빛으로 지켜보았다. 그 칼은 신이 만든 것처럼 보일 정도로 멋진 칼이었다. 그것은 '신의 검'이었다. 누가 왕이 될 것인지에 대한 논쟁을 끝내고 아틸라를 그들의 왕으로 뽑으라고 보내진 것 같았다.

일단 왕의 전통을 잇는 '흉노의 왕'이 되자, 아틸라는 다른 독립 부족들을 흉노의 국가로 하나씩 통일해 나가기 시작했다.

그는 자신의 통일 계획에 대한 지지를 얻기 위해 부족장들과 며칠 동안 텐트에서 회의를 하면서 보내곤 했다고 전해진다. 아틸라는 반항적인 족장들을 그 자리에서 처형했다. 그에게 저항할 수 없다는 사실이 너무나 명백해졌으며 또한 그에 대한 두려움이 너무 커서, 한 나이 든 추장은 "제 눈이 너무 약해서 태양을 볼 수 없듯이, 정복자의 현명함 또한 바라볼 수 없었습니다."라고 아부하기도 했다. 이런 식의 교묘한 아첨은 아틸라에게 거리낌 없이 받아들여졌다.

그는 자신의 권력을 최대한 행사했지만, 권력이 만들어 낸 함정에 빠지지는 않았다. 아틸라는 나무로 만든 집기류로 먹고 마시고, 허름하게 만든 궁전과 나무로 만든 왕좌에 앉았다. 그의 옷차림은 로마 통치자들처럼 우아함이라고는 찾아볼 수가 없었다. 오히려, 그는 검은 모피로 된 가죽 코트를 입고, 검은 가죽 모자를 눈까지 내려오게 푹 눌러쓰고 다녔다.

아틸라는 그 무리들의 존경을 한 몸에 받았다. 그가 그들의 야영지로 행차할 때 여자들, 아이들, 그리고 전사들이 그를 칭송하며 그가 가는 길을 줄지어 따라갔다. 아틸라는 강인하게 보이는 그의 검정색 군마(軍馬) 빌람(Villam)[2]의 등에 올라앉아서, 위엄 있게 이러한 환호를 받아들였다.

'흉노의 왕'으로서의 그의 통치는 신속하면서도 사려 깊게 처리하는 것이 특징이었다. 그는 성급하게 행동하지 않았다. 그는 게르만족과 슬라브족을 흉노족의 지배하에 두고, 로마와 콘스탄티노플을 정복하고, 아시아 전역을 상대로 싸우고, 그다음에는 아프리카로 향한다는 국가적 목표를 제시했다. 그렇게 된다면

---

2 빌람(Villam) : 번개라는 의미를 가진 군마(軍馬)의 이름.

흉노족은 동서남북의 모든 땅을 다스리게 되고, 아틸라는 세계를 지배할 것이라는 원대한 목표를 가지게 된 것이다.

아틸라의 계획은 어린 시절 꿈으로 불타오를 때 형성된 비전을 하나씩 만들어 나가겠다는 야심에 찬 것이었다. 그리고 차근차근 그것을 실현할 것을 목표로 삼았다. 그의 방법론은 인내에 의해서, 타고난 아시아인의 미덕인 끊임없는 집념에 의해서, 행동해야 할 정확한 순간을 기다리면서 경청하고 지켜보는 자만이 터득할 수 있는 정치적 통찰력에 의해 보강되었다.

그의 통치하에 흉노족이 이룩한 정복은 전설이 되었다. 아틸라는 자신의 계획을 실행하는 데 매우 능숙했다. 최대 70만 명의 전사로 구성된 것으로 추정되는 그의 군대는 야만인들의 집합체였다. 그러나 그들은 목적을 위해서 하나가 되었고, 잘 단련되었고, 단결심으로 가득 차 있었다.

흉노의 이런 기세는 때때로 어렵기도 했지만, 저항도 없이 승리하는 경우도 종종 있었다. 흉노의 군대가 접근한다는 소식을 듣자마자 마을을 버리고 도망가는 경우도 있었던 것이다. 그러나 흉노의 이러한 약진은 그들의 통치자인 아틸라의 평생 라이벌이었던 아에티우스에 의해 갑자기 좌절될 운명에 놓이게 되었다.

서기 451년, 고대 로마군 병영의 폐허가 있는 카탈루니아 평원(Catalaunian Plains)에서 흉노는 전투 준비를 위해 전차들을 집결시켰다. 이번 전투에서 아에티우스가 로마군의 지휘권을 가지고 있었고, 아틸라는 훈노를 지휘했다.

훈노의 경험에서 얻은 전술을 사용하여, 아에티우스는 백병전을 하게 함으로써 훈노족 군대가 쓰는 활과 기병대를 무력화시켰다. 로마 병사들의 청동 투구와 갑옷은 보병 전술에 서투른 야만인들의 돌도끼로부터 그들을 지켜 주었다.

로마인의 칼이 훈노의 약탈과 장창에 대응하여 싸워 이긴 것이다. 전투는 야만적이었고, 어느 쪽도 포로를 잡지 못했으며, 부상자 중 살아남은 사람은 거의 없었다. 해 질 무렵, 약 16만에서 30만 명의 훈노족 전사들이 카탈루니아 평원에서 죽었을 것으로 전해 내려온다.

이 전투를 계속해서는 안 된다는 것을 깨달은 아틸라는 후퇴를 명령했고, 로마인들은 아틸라의 최초이자 유일한 패배에서 훈노족 무리가 뒷모습을 보인 것에 대해 놀라움을 금치 못했다. 아틸라의 계획 중 무언가가 잘못되었음이 분명해 보였으며, 그때만은 넘치는 자신감과 끊임없는 에너지와 의지가 그를 떠난 것 같았다. 그는 이 패배 앞에서 세계를 정복하려는 그의 낙관적이었던 야망이 위축되고 있다는 것을 느꼈다.

로마인들에 의해 난자당한 군대를 낯익은 다뉴브강의 계곡으로 철수시킨 아틸라는 세계 정복의 꿈을 다시 시작하는 데 필요한 군사학 공부와 그 외의 변화에 모든 에너지를 쏟아부었다. 그의 적수인 아에티우스의 전술을 깨뜨리는 데 필요한 대대적인 개혁을 통해 군대를 재편성하는 일은 훈노족이 대대로 유지해 온 풍습의 근본적인 변화 없이는 불가능한 일이었다.

그는 군대의 가죽 갑옷을 금속판의 테두리가 있는 갑옷으로 대체했다. 훈노의 수도인 에첼버그(Etzelburg)는 장기간의 포위전에도 견딜 수 있도록 요새화되었다. 유목 생활 양식도 지양되었다. 그들은 더 이상 정처 없이 방황하지 않았다. 그들은 나라를 가지게 되었고, 그 땅에 깊이 뿌리를 내리게 되었고, 심지어 문명화되었다. 투석기도 준비되어 있었다. 전사들은 정확한 활쏘기에 의지하는 대신 안전을 보장해 주는 긴 방패를 활용하는 보병 전술 훈련을 받았다.

페르시아와 로마 사이의 동맹 관계가 좋아지게 되는 상황으로 인해 아틸라가 훈노족 군대를 완전히 재건하려는 계획이 잠시 중단되었다. 이 동맹이 성사되지 않도록 막기 위해서는 즉각적인 조치가 필요했다. 아틸라는 부족장들을 모아 놓고, 몇 마디의 말로써 그들의 행군 경로와 전투 순서를 정해 주었다.

많은 로마인들은 훈노족의 전투 복귀를 큰 위협으로 인식하지 않았다. 로마인들은 자신들 앞에 놓인 것이라면 뭐든지 잔인하게 파괴하는 훈노족 군대의 힘을 제대로 보지 못했다. 그리고 곧 로마인들은 이 야만적인 무리의 맹렬한 기세를 실감할 운명에 놓이고 만다.

이탈리아로 신속하고 막힘없이 진입한 이후, 훈노족들은 침략에 이력이 나 있던 요새인 아퀼레이아를 포위했다. 아퀼레이아 사람들은 훈노족들이 어줍은 야만인들이 아니라, 군대의 움직임을 능숙하게 수행하는 잘 갖춰지고 훈련된 군대임을 알아보았다.

포위가 장기화되고 배급량이 부족해지면서 훈노족의 사기도 떨어질 위기에 처한 듯 보였다. 하지만 이제는 기강이 제대로 잡힌 전사가 되어, 성안의 날짐승들과 그 새끼들이 도시의 탑을 떠나는 것과 같은 좋은 징조를 보고, 공격을 개시하자마자 바로 승리는 그들의 것이 되었다! 성벽이 무너지고 도시가 화염에 휩싸였다.

그 무리들은 이번에 거둔 큰 승리로 인해 잠시 뒤를 돌아볼 시간적 여유가 생겼고, 그런 다음 그들은 새롭게 전투에 필요한 정신력으로 재무장되었다. 아퀼레이아의 생존자들은 아틸라의 거대한 군대가 현재 로마로 맹렬하게 진격하고 있다고 보고했다. 로마 제국은 질겁했다! 이제 막을 수 없을 것 같은 이 훈노의 힘을 두려워하기 시작한 것이다.

오래전부터 실각한 위대한 아에티우스 장군의 천재성에 더 이상 의지할 수 없게 된 로마 지도자들은 어쩔 줄을 몰랐다. 처음에 그들은 목숨값으로 금을 제공하는 방안을 생각했지만, 이미 훈노족의 수레에는 기존의 보물들로 넘쳐나고 있었고, 여기에 더

해서 이탈리아의 모든 보물들을 쉽게 취할 수 있었기 때문에 금으로도 그들을 만족시키지는 못할 것이라고 생각했다.

발렌티니아누스(Valentinian) 황제는 필사적으로 또 다른 전술을 생각해 냈다. 그의 누이 호노리아(Honoria)를 아틸라의 아내로 바치는 것은 어떨까? 이는 오래전에 조약에서도 이미 했었던 일 아닌가? 이 계획은 아틸라가 호노리아를 꼭 집어서 달라고 요구한 적이 없었기 때문에 보류되었다. 아마도 훈노의 왕은 그의 300명 이상 되는 부인들만으로도 충분했을 것이다.

적절한 대안이 없었다. 아에티우스와 상의도 없이 발렌티니아누스 황제는 교황 레오 1세(Pope Leo Ⅰ)를 아틸라와 협상하도록 보냈다. 황제는 성직자들에 대한 존경심으로 인해 루푸스(Lupus) 주교의 요청에 응하고 트로이(Troy)를 살려 주었던 1년 전 갈리아에서처럼 '신의 재앙'으로 불리던 아틸라가 자비를 베풀어 주기를 바랐던 것이다.

연약한 교황과 훈노의 왕 사이에 무슨 일이 일어났는지는 여전히 수수께끼로 남아 있다. 그러나 그들의 만남이 끝난 후, 아틸라는 군대를 북쪽으로 돌려 로마 제국과 더 이상의 전투를 하지 않고 고향으로 돌아갔다.

다뉴브강 골짜기에서 아틸라에게 문제가 생겨나고 있었다. 그가 총애했던 6명의 아들들은 일찍이 그들의 아버지가 약속했던 왕국을 받지 못한 것에 대해 참을성이 없었다. 아들들은 아틸라가 자신들을 위해 땅을 정복하지 않고 돌아온 것에 대해 실망했다.

아마도 그가 세계 정복에 대한 야망을 누그러뜨린 것은 나이가 들어 늙었기 때문이었을 것이다. 아마도 그것은 아틸라의 자신감이 줄어들었던 것일 수도 있고, 흔쾌히 로마를 살려 주었다는 만족감이 그의 야망을 개인적으로 진정시킨 것일 수도 있다. 세계 정복은 더 이상 채워지지 않은 욕구가 아니었다. 그의 마음속에 있던 전사 기질이 이제 외교 쪽으로 방향을 틀고 있었다.

그는 로마인들과 협상을 재개했다. 그의 통치 기간 동안 생소했던 이러한 행동들은 아틸라가 자신을 '훈노의 왕'임을 재확인하는 것이 필요하다는 기강상의 이유를 강조했다. 다시, 그는 집권 초기 때처럼 반항하는 부족장들을 처형했다.

그런 반란에 가담했던 한 부족장의 아름다운 어린 딸 일디코(Ildico)가 아틸라에게 그녀의 아버지를 살려 달라고 애원했음에도 불구하고 처형했다. 그러나 아틸라는 그녀의 아름다움에 흠뻑 빠져 그 소녀를 자신의 아내로 삼기로 결심했다.

이 결혼은 훈노족들에게 아틸라가 그의 늙은 나이와 실망과 고민을 잊고 새로운 활력을 가지고 세계 정복을 추구하기 위해 돌아올 것이라는 좋은 징조로 여겨졌다. 이에 따라 그의 아들들은 자신들이 통치할 수 있는 영토를 갖게 될 것이라고 생각했다.

전통적인 엄숙함 속에 치러진 화려한 결혼식이 끝난 후, 왕과 왕비는 그들의 신혼 방으로 자리를 옮겼다. 다음 날, 왕이 평소와는 달리 너무 조용한 것을 이상히 여긴 전사들이 아무 기척이 없는 신혼 방문을 부수고 들어갔다. 하얀 모피 위에 벌거벗은 채 누워 있는 아틸라는 피투성이가 되어 죽은 채로 꼼짝도 하지 않고 있었다.

어떤 사람들은 그의 신부가 아버지의 죽음에 대한 복수를 위해 그를 죽였다고 말했지만, 그에게서는 아무런 상처도 발견되지 않았다. 그런가 하면, 어떤 사람들은 그의 아들들이 아버지에게 울화가 치밀어 죽였을 것이라고도 말했다. 아틸라의 죽음에 대한 영웅적이며 전설적인 버전은 그가 자연사했다는 것, 즉 과도한 결혼 축하로 인한 과로 때문에 생긴 출혈로 사망했다는 것이다.

아틸라의 장례식은 그의 결혼식 때만큼이나 화려했다. 위대하고 장엄한 의식을 통해서 그는 티사강(Tisza River) 아래에 묻혔다.

아틸라를 잔인하고 무자비하게 묘사하고 있는 서양의 역사에서는 아무도 그를 존경하지 않는다. 그런 인식은 그의 특성과 행동을 무례한 행동으로 보거나 빈정거리는 이유가 되었다. 후대의 모든 악명 높은 지도자들이 나타낸 유사한 특징들도 냉혈하고 사악한 것으로 여겨졌다.

그는 『단테의 신곡』 「지옥편 XII」에서 "하늘의 준엄한 심판은 '신의 재앙'이었던 아틸라에게 징벌의 손을 내릴 것이니"라고 한 것처럼, 단테와 같은 저명한 작가들에 의해서마저 경멸을 받아왔다.

푸에블로호(USS Pueblo)[3] 함장인 로이드 버처(Lloyd Bucher)는 자신을 억류한 북한 사람들을 향해 거짓으로 한 최종 자백에서 "아틸라 이후 비길 데 없는 우리의 비열한 행위를 용서해 달라."고 호소하면서, 마지막에 자신의 자백이 "성경에 나오는 성스러운 새의 명예를 걸고 사실"이라고까지 맹세했다. 아틸라는 이처럼 글 쓰는 이들의 편의에 따라 모든 비난의 소재로 쓰이기도 한 것이다.

하지만, 아틸라는 그의 후손들 중에서 많은 헝가리 사람들에 의해 자랑스럽게 기억되고 있다. 아마도 독일의 「니벨룽겐의 노래(Nibelungen-Lied)」에서 "훈노의 땅에는 그의 선함과 지혜에 대적할 만한 자가 없었던 강력한 왕이 있었다."고 쓴 것이 그를 가장 잘 표현한 것 같다.

아틸라는 아무것도 하지 않는 것보다 솔선해서 행동하는 것을

---

[3] 푸에블로호 피랍사건 : 1968년 미국의 푸에블로호가 북한의 해군초계정에 의해 납치된 사건. 11개월 뒤인 1968년 12월 23일 크리스마스이브 전날 승조원 82명과 전사자 시신 1구가 판문점을 통해 송환되었다. 푸에블로 함정은 동해안에 정박되어 있다가, 1998년 김정일의 지시로 대동강변으로 옮겨져 전시되고 있다.

선호하는, 결코 만족할 줄 몰랐던 리더의 한 전형이었다.

아틸라는 수천 명의 기독교인들을 단순한 오락거리로 맹수들에게 던져 넣었던 로마인들보다 덜 야만적이었다. 그는 이반 뇌제(Ivan the Terrible), 코르테스(Cortes) 또는 피자로(Pizarro)보다 덜 잔인했다. 로마를 지켜 주었으며, 로마를 상대로 모든 것을 닥치는 대로 약탈했던 겐세리히(Genserich)와 벨리자르(Belizar)와 노르스만(Norsemen)과 게르만(German)과 스페인 용병보다 훨씬 더 많은 자비를 베풀었다.

일반적으로 서구에는 아틸라가 남긴 유산이 거의 없다. 천재적인 문명화 주도자였으며, 열린 마음과 다양한 관점을 가지고 있었다는 점에서 알렉산더 대왕(Alexander the Great)이나 시저(Caesar)를 훨씬 능가했던 아틸라가 역사적으로도 얼마나 중요한지에 대해서 우리는 너무나 모르고 있다.

아틸라를 둘러싼 논란이 그칠 날이 있을 것 같지 않지만, 그의 『리더십의 비밀』은 은유나 비유의 방법, 예로부터 내려오는 특성, 팔로워들에게서 리더들을 구별하는 가치 등 원칙을 통해 통찰력을 배울 수 있는 기회를 제공하고 있다.

결국, 그는 '훈노의 왕, 아틸라'가 되었다!

1
적지(敵地)에서 리더십의 자질을 배우다

　로마 제국은 다른 나라들에 대한 통제를 넓히고 속국처럼 부리기 위해서 그 나라들에게 영향을 준 아동 인질 교환 협정을 교묘하게 이용했다. 간단히 말해서, 로마 제국은 그들 자신의 아들 중 한 명을 외국으로 보냈고, 다른 나라들도 그들의 아들 중 한 명을 로마 궁정에서 살고 배우도록 보내는 형태로 서로 인질을 교환했던 것이다.

　이 교활한 방법은 반란을 꾀하려는 대상과의 외교에서는 자주 쓰이던 방법이었다. 로마 제국은 그 대상 국가들로 최고 수준의 젊은 스파이들을 잠입시켰다. 일단 외국 궁정으로 가게 되면, 젊은 로마인들은 그 나라들의 관습, 예절, 전통에 대한 개인적인 지식을 얻으면서 핵심적인 정보는 제국으로 보고했다.

이 양날의 전략은 또한 그들의 궁정으로 보내진 인질들에게 교육의 기회를 제공했다. 그들에게 호화로운 삶을 가르치는 것은 인질들이 커서 자기 나라로 돌아갔을 때, 덜 문명화되고 반항적인 국가들의 정치와 문화에 영향을 주게 만든 것이다.

아틸라는 한때 루길라 왕(King Rugila)의 총애를 받던 조카였지만, 흉노족의 병사들을 로마 제국과 다른 나라의 군대로 팔아넘긴 정책을 끊임없이 혹독하게 비판한 탓에 흉노족 왕위 계승권이 약화되었다. 루길라가 로마의 꼬마 인질 교환 협정이라는 관례를 이용하여 자신에게 대항하는 최고의 비평가를 제거하는 것은 쉬운 일이었다.

아직 10살이 되지도 않은 아틸라는 호노리우스(Honorius)[1]의 로마 궁정으로 보내졌다. 루길라는 그곳에서 제국의 지도자가 아틸라의 특성을 흉노족 왕가에 더 잘 화합할 수 있도록 만들어 줄 것이라고 생각했다.

아틸라는 개인적으로 제공되는 화려한 예복, 화려한 헤어스타일, 풍성한 음식, 그리고 좋은 숙소 같은 것들을 거절했지만, 순진했던 다른 동료 인질들에게는 그런 문물들이 호기심을 불러일으켰다. 아틸라는 이러한 매혹적인 유혹에 저항하기 위해서 동료 인질들의 정신 상태를 바꿔 놓으려 시도했지만 그렇게 하진

---

[1] 호노리우스(384~423): 서로마 제국 황제.

못했다. 탈출을 시도했으나 실패한 후, 그는 수동적인 저항을 하면서, 일시적으로 이런 환경에 적응하기로 마음먹었다.

로마 궁정에서 지내는 동안, 그는 많은 것을 보고 들었다. 로마 제국과 생소했던 기독교의 영향을 받는 동안, 그는 날이 갈수록 세계를 정복할 결심을 점점 더 굳히게 되었다. 아틸라는 제국의 대내외 정책을 공부하는 데 있어서 아주 뛰어난 학생이었다. 그들의 군대, 무기, 전투 대열 그리고 로마에는 강력한 해군이 없다는 것 등을 알아 가면서 그는 조금씩 성장했다. 동시에 분야별 정부 고위관리들을 찾아가서 제국에 대한 호기심을 가지고 정책 수립과 외교에 대해 배우고 염탐하기 시작했다.

아틸라에게 로마 궁정에서의 삶은 엄청난 고난이었다. 그는 자신의 국민과 가족을 그리워하며 외로워했고, 한때 단결하기만 했더라면 흉노족들이 확실히 이길 수 있었던 이상하고 이국적인 군대로부터 해방되고자 하는 열망을 키워 나갔다.

호노리우스 궁정에 인질로 보내진 이 소년에게 아시아인 특유의 미덕인 인내는 상당히 도움이 되었다. 그의 태도는 냉소적이고 확신에 차 있었다. 그는 자신들의 시대 이전에 일어난 사건들에 대해서 처벌하는 것보다 궁극적으로 무엇을 성취해 나갈 것인가가 더 중요하다는 것을 배웠다. 그는 훗날 '흉노의 왕(King of Huns)'으로서 왕위를 다시 찾아올 때, 그에게 성공을 보장해 주었던 개인적인 능력들을 개발하기 시작했다.

아틸라, 리더십의 자질을 말하다!

나, 아틸라는 나의 내면에 깊숙이 내재되어 있던 리더십의 자질에 대한 생각을 준비했다. 내가 이런 조언들을 모두 모아서 여러분에게 주는 것은 당신과 당신의 부하들이 흉노를 이끌 준비를 더 잘할 수 있도록 만들기 위해서이다.

우리 야영지의 각 계층별 리더들은 자신들의 직무를 성공적으로 수행할 수 있도록 하는 기술, 능력, 태도를 가지고 있어야 한다는 것이다. 이는 흉노의 나라에는 필수적인 요건이다.

리더들을 키워 나감에 있어서 속성법은 없다. 흉노족 사람들은 자신의 생애 전체를 통해 끊임없이 배워야 한다. - 배우는 자로서의 자세를 절대 멈추지 말아야 하고, 새로운 통찰력을 얻거나 혁신적인 절차나 방법을 연구하는 것을 결코 멈추지 말아야 한다. - 그 원천이 어떤 것이든.

우리의 리더들은 그들의 임무 수행 초기에 기본적인 자질들을 확실하게 배워야 하고, 그 자질들을 성숙시킬 기회를 가져야 한다.

그리고 이런 자질들을 우리의 젊은 전사들에게 가르쳐야 한다. 그들이 유능한 부족장으로 발전하려면 말이다. 우리 전사들에게는 기마술의 기본만 가르치면 충분하지만, 그들을 이끄는 사람들에게는 그것만으로 충분하지 않다.

우리 흉노를 제대로 이끌기 위해서는 무엇보다 경험을 통해 숙달된 다음과 같은 필수적 자질을 갖춘 부족장들이 있어야 한다.

🛡 충성심(Royalty)

무엇보다도 흉노는 충성심이 강해야 한다. 의견 불일치가 반드시 불충하다고 할 수는 없다. 부족 전체의 이해관계가 걸린 여러 일을 처리함에 있어서, 다른 의견을 가진 흉노 사람들 개개인의 말에 귀를 기울여야 한다. 반면에, 부족의 이익에 반하는 행동에 적극적으로 참여하거나 독려하는 흉노 사람들은 불충한 것이다. 이런 흉노들은 전사이든 부족장이든 신속하게 제거해야 한다. 충성스런 흉노 사람들에게 영향력을 행사하고 용기를 꺾는 행위는 전염병과 같다. 불성실한 행동과 태도가 시정되지 않는다면, 그들은 우리의 대의명분과 그 가치를 제대로 알지 못하는 자들이며, 오히려 조직을 전복시키는 행위나 하려는 자이므로 우리 스스로 그런 자들을 제거하기 위한 단호한 조치를 취해야 한다.

🛡 용기(Courage)

흉노를 이끄는 부족장들은 용기가 있어야 한다. 그들은 두려움이 없어야 하며 주어진 임무를 완수할 용기가 있어야 한다. - 부족장으로서 위험을 받아들이려는 용맹함을 말하는 것이다. -

그들은 장애물을 만났다고 해서 주저해서는 안 되며, 역경이 닥쳤을 때 당황해서도 안 된다. 부족장은 외로움, 절망, 비웃음, 거절이 있을 수밖에 없는 자리이다. 부족장들은 자신의 임무를 수행하는 기간 내내 이런 고통을 겪어야 하는 것이다. 그들은 자신 있게 행동해야 하고, 불확실하고 위험한 시기뿐만 아니라 번영의 시기에도 탁월한 용기를 가져야 한다.

열망(Desire)

강한 개인적 열망 없이 부족장으로서의 지위만을 탐하는 훈노족 사람들은 거의 없을 것이다. 즉, 그 열망이란 사람들과 일의 과정, 그리고 그 결과에 영향을 미치기 위해 내재된 헌신적 결의를 말한다. 그런 열의가 없는 부족장은 나약한 부족장이다. 그리고 아무리 능력이 뛰어난 전사라 하더라도 성취하고자 하는 열망이 없는 경우, 부족장의 자리에 앉히지 않도록 주의해야 한다.

정서적 체력(Emotional Stamina)

지위가 점점 높아질수록 부족장들에게는 정서적으로 요구되는 사항이 많아진다. 그들이 리더라면 어떤 환경에 처하더라도 확실한 관점을 유지하면서 절망적인 상황에서 빠르게 회복할 수 있는 성품을 지녀야 한다. 즉, 낙담하더라도 곧 다시 일어서고, 판단력이 왜곡되지 않으며, 본연의 직무를 수행할 수 있는 등 아무리 어려워 보이는 여건이라도 이겨 낼 수 있도록 정서적으로 강인한 체력을 가지고 있어야 한다.

🛡 육체적 체력(Physical Stamina)

흉노족에게는 리더로서 임무를 수행하기 위한 육체적 요구를 견딜 수 있는 사람이 부족장이 되어야 한다. 부족장은 기본적으로 건강한 신체를 가지고 있어야 한다. 부족장이 침대에 누워서 지휘할 수는 없는 노릇이다. 부족장들이 음식이나 음료를 너무 많이 취하면 기력을 쓸 수가 없다. 로마인들이 마시는 이상한 물약 같은 것은 단지 마음을 혼란하게 만들 뿐이다. 제대로 사용하지 않은 신체는 학대받게 된다. 건강한 몸은 건강한 마음을 지탱한다. 따라서 부족장은 맡은 바 임무를 수행하기 위해서 신체적으로 강인해야 하는 것이다.

🛡 공감 능력(Empathy)

부족장들은 다른 문화, 믿음, 전통에 대해서 감수성을 가지고 다른 사람들의 가치에 대한 감사와 이해라는 공감 능력을 키워야 한다. 그러나 공감(Empathy)과 동정(Sympathy)이 혼동되어서는 안 된다. 무엇보다도 외교나 전장 등 부족이나 국가의 이익에 기민하게 대처할 필요가 있을 때, 엉뚱한 형태로 발현되어 현명하지 못한 결과를 초래할 수 있기 때문이다.

🛡 결단력(Decisiveness)

젊은 부족장들은 언제 행동해야 할지, 언제 행동하지 말아야 할지를 알고, 상황에 관련된 모든 사실을 고려한 다음, 책임감 있게 부족장 역할을 수행하는 방법을 배워야 한다. 좌절하거나 우물쭈물하는 행동은 부하, 동료, 그리고 상급자를 혼란스럽게 하고 좌절시키며, 결국 이적 행위가 되는 것이다.

🛡 예측 능력(Anticipation)

부족장들은 관찰을 통해서 교육과 시험 등의 경험에 의해 키운 예리한 본능적 감각을 통해 생각, 행동 그리고 결과를 예측할 수 있어야 한다. 예측 능력은 설사 위험이 있더라도 구성원들이 자신들의 안전을 지켜 줄 수 있는 부족장을 기꺼이 받아들일 수 있게 만들어 준다.

🛡 적시성(Timing)

부족장의 모든 행동에서 필수적인 것은 조언과 조치의 적시성이다. 적시성에 대한 감각을 발달시키는 데 필요한 마법의 공식 같은 것은 없다. 사람들은 실패를 통해 배운 교훈을 적용함으로써 종종 이러한 리더십 기술을 습득한다. 아무리 단순한 건의 사항을 승인할 때에도 당신이 누구를 상대하는지, 그들의 동기가 무엇인지, 성향은 어떤지, 우선순위와 야망은 무엇인지를 파악

하는 것이 적시성을 놓치지 않는 결정적인 요인이 된다.

🛡 경쟁력(Competitiveness)

본능적으로 이기고자 하는 열망은 리더십의 본질적인 자질이다. 항상 승리할 필요는 없지만, 중요한 싸움에서는 이겨야 할 필요가 있다. 부족장들은 우리의 대내외 경쟁 상황이 항상 치열하다는 것과 결코 가볍게 여기지 말아야 한다는 점을 이해해야 한다. 전쟁터에서나, 협상을 하는 자리에서나, 심지어 내부의 분쟁에서도 경쟁의식은 승리로 이끌어 준다. 반면, 경쟁심이 없는 부족장은 약하고 작은 도전에도 쉽게 무너진다.

🛡 자신감(Self – Confidence)

적절한 훈련과 경험은 부족장들이 본질적인 여러 도전 요소에 대처하기 위한 자신감을 키워 준다. 부족장이 되고 나서 임무 수행 능력에 대한 자신감이 부족하다고 말하는 것은 그들의 부하, 동료 그리고 상급자들에게 이러한 임무들이 자신의 능력 밖이라는 신호를 주는 것이다. 그러한 부족장은 결국 약하고 쓸모없는 부족장이 된다.

🛡 책무의 명확한 구분(Accountability)

개인적인 것과 예하 부하들의 것을 구분할 줄 아는 것은 부족장으로서의 기본적인 자질이다. 그 결과가 아무리 훌륭하거나 또는 아무리 심각한 결과를 초래하더라도, 부족장은 자신이 성취하거나 성취하지 못한 것에 대해 다른 사람을 칭찬하거나 또는 비난해서는 안 된다.

책임감(Responsibility)

리더는 누군가가 행동하고 지시를 따른 것을 책임질 때에만 필요하다. 자신의 행동에 대한 모든 책임을 인정하지 않는 왕, 부족장, 예하 캠프의 지도자는 결코 그 자리에 있어서는 안 된다.

신뢰감(Credibility)

부족장은 신뢰가 있어야 한다. 그의 말과 행동은 같은 편은 물론, 심지어는 적들에게도 신뢰감을 주어야 한다. 올바른 정보를 제공할 수 있는 지성과 성실성을 갖춤으로써 신뢰를 얻을 수 있어야 한다. 신뢰성이 결여된 부족장들은 적절한 영향력을 얻지 못할 것이며, 그들을 신뢰할 수 없어지게 되면 책임 있는 자리에서 빨리 제거되어야만 한다.

끈기(Tenacity)

임무를 완수하기 위한 불굴의 추진력은 부족장으로서 바람직한 자질이며 필수적인 요건이다. 약한 사람은 일이 제대로 될 때까지만 버틴다. 강인한 사람은 절망적이거나, 속임을 당하거나, 심지어 개인적으로 버림을 받더라도 끈기 있게 추진한다. 끈기는 종종 어려운 과제를 달성하거나 도전적인 목표를 달성할 때, 가장 중요한 열쇠가 되기도 한다.

믿음직스러움(Dependability)

만약 어떤 부족장이 그의 역할과 책임을 수행함에 있어 다른 사람들이 믿고 의지할 수 없다면, 그 부족장은 그런 역할과 책임으로부터 해제시켜 주어야 한다. 왕이라고 해서 예하 부족장의 일거수일투족을 모두 감시할 수 없다. 그러므로 왕은 일을 성사시키기 위해 부족장들에게 의지해야 한다. 젊은 부족장들은 전체 부족과 상하 계층의 모든 훈노족들이 자신들의 지도력을 믿고 있다는 사실을 잘 알아야 하며, 이를 자랑스러워해야 한다.

관리 능력(Stewardship)

리더들은 관리자로서의 자질, 다시 말해서 사람을 보살피는 사람다운 자질을 반드시 가져야 한다. 그들은 자신감, 신뢰, 충성심을 북돋우는 방식으로 봉사해야 한다. 예하 부하들을 혹사시켜서는 안 된다. 부족장들은 부하들의 성과에 대해서 지도, 개발, 보상을 해 주어야 한다. 처벌은 최후의 수단으로 유보하고, 반기를 드는 이들을 복종하도록 격려하는 모든 시도가 실패했을 때에 극히 일부에만 적용한다. 양 떼가 없으면 양치기가 있을 수 없다. 군대가 없다면 지휘관도 있을 수 없다. 부하가 없으면 부족장도 있을 수 없다. 그러므로 부족장들은 부하들의 관심사와 복지, 그리고 그들이 근무하는 목적을 돌봐 주는 사람이 되어야 한다.

여러분 중 지나친 야심을 가진 사람은 단기간에 이러한 자질을 획득하려고 시도할 수 있다. 나, 아틸라가 전 생애를 살아오는 동안 발견했듯이, 이러한 리더십의 자질들은 오로지 시간과 배움, 그리고 실패하는 경험들을 필요로 한다.

지름길을 찾아낸 사람은 거의 없다. 자신의 역량을 급격하게 향상시킬 수 있는 기회는 드물다. 어떤 형태든 비용을 지불하지 않고는 아무리 크든 작든 간에 어느 누구도 다른 사람들을 이끌어 갈 준비가 되지 않을 것이다.

이러한 리더십 자질을 잘 배우라. 흉노족 사람들에게 이런 것들을 가르쳐라. 그래야만 우리는 세계 정복을 하려는 우리의 원대한 염원을 이룰 수 있는 능력을 키울 수 있을 것이다.

2
책임지는 자가 되어야 한다

아틸라는 아버지 문주크의 죽음으로, 삼촌인 루길라의 지도와 보살핌을 받았다. 루길라는 왕이 된 직후에, 즉각적인 보상에 현혹되고, 교활한 외교술에 속아서, 다른 지역에 사는 자신의 부족이 소요를 일으킨 줄도 전혀 알지 못한 채 제국의 지배 아래에 놓이게 되었다.

비록 어리긴 했지만, 아틸라는 자신의 조상이 이룩한 고귀한 역사와 전설들을 믿었다. 그들은 강하고 힘센 민족이었고, 노예로 지배를 받거나 용병이 된 경우는 없었다.

비록 훈노족이 유럽의 광대한 지역과 아시아와 아프리카의 일부 지역을 떠돌아다녔지만, 그들의 리더였던 아틸라의 고귀한 조상들은 결코 자신들의 부족이 이방인들을 위해 불필요한 수고를 하도록 내버려 두지는 않았다. 그들은 목가적인 생활을 자유롭게 누릴 수 있는 평화로운 장소를 찾는 일에만 열중했다.

루길라의 의도와 결정들이 흉노족 사람들의 강점, 목적, 추구하는 바와는 반대되는 것으로 젊은 왕자에게 인식되었기 때문에, 아틸라는 루길라 왕과 그의 정책에 대한 노골적인 비판자가 되었다. 아틸라의 비판은 루길라가 가지고 있던 그에 대한 호감을 약화시켰고, 루길라는 그 젊은 왕자를 자신의 왕위를 지키는 데 대한 위협으로 인식하여 아틸라가 아주 어릴 때 그를 로마 궁정으로 보내 버렸다. 아틸라는 그의 야비한 통치 방법에 대해 적개심을 품게 되었고, 상황을 바로잡도록 도울 수 있는 사람들을 이끌고자 하는 열망을 키우기 시작했다.

인질로 잡혀 있는 동안, 아틸라는 제국의 음모를 견제하기 위해 다른 '바바리안'들과의 결속을 도모했다.

> '결코 당신들은 그들의 희생양이 되어 제국의 노예가 되어서는 안 됩니다! 여러분들은 자신의 정체성을 찾아야 합니다!'

그들을 단결시키려는 그의 노력은 실패했지만, 그들을 리드하려는 결심은 하루하루 빛을 발했다.

아틸라는 제국에 대한 분노, 혐오, 경멸을 리더십과 외교의 방법을 배우기 위한 활발한 연구로 방향을 바꾸었다. 그의 마음속에는 흉노족을 결속시키고 로마인들을 정복하고자 하는 결심이 가슴 깊이 타오르는 열정에 의해 고무되었다.

아틸라는 고국으로 돌아가려는 노력을 즉시 시도하지 않고, 모든 것을 계획적으로 추진하는 인내심을 발휘했다. 그는 아무리 자신이 책임지고 싶어 하는 마음이 있더라도 자신의 리더십 지식과 영향력을 행사할 수 있는 능력이 더 성숙해야 한다는 것을 알고 있었다. 아틸라는 시간이 나는 대로 여행도 하고 사냥을 하면서, 자신의 야망을 성공시킬 계획에 집중했다.

결정적인 순간이 왔을 때, 아틸라는 준비가 되어 있었다. 그는 흉노를 이끌 수 있는 책임을 맡게 되었다! 그는 왕으로서 맞닥뜨리게 될 도전 요소와 반대하는 것들에 맞서기 위한 만반의 준비를 갖추었다. 그는 좌절하지 않았다! 그는 자신의 목표를 벗어나지 않았다! 그는 위험을 감수할 준비가 되어 있었고, 일치되고 단결된 행동을 통해 흉노족을 탁월하게 만들 준비가 되어 있었다. 많은 책임을 지고자 하는 그의 끈질긴 인내와 열망 앞에 운명의 날이 다가왔다!

마침내 아틸라는 흉노의 왕이 되었다.

아틸라, 책임지는 자에 대하여 말하다

훈노족 사람들에게는 리더로서의 책임감이 부족한 왕이나 부족장의 지휘 아래 있는 것보다 더 불행한 일이 없었다.

종종, 많은 국가들의 권력이 리더가 되고자 하는 야망·용기·능력이 부족한 왕자들에게 주어지기도 한다. 그렇게 되면 무관심, 비겁함, 무능으로 인해 부족민들을 실망시키고 혼란스럽게 만드는 다양한 현상으로 나타나며, 따라서 오히려 적들만 이롭게 만들게 된다.

모든 훈노족 사람들은 리더가 되고자 하는 열망을 보이는 부족장들만 선택하고 따를 책임이 있다. 그렇다고 해서 모든 덕목을 갖춘 인물이어야 한다는 것은 아니다. 그들은 훈노족 사람들이 다른 민족과 구별되듯이 저마다 다른 점을 가지고 있을 것이다. 그들은 좋은 특성으로만 가득하지도 않을 것이며, 흠잡을 데 없는 특성만 가지고 있지도 않을 것이다.

그러나 헌신적이며, 리더십에 대한 열망, 봉사하려는 의지가 있는 리더들은 지혜, 성실, 자비, 권위와 용기라는 자질로 특징지어질 것이다. 그들은 대의를 위한, 그리고 그들이 봉사하려는 사람들을 위한 인간적 자질과 강한 헌신을 가지고 있을 것이다.

부족장이 되기를 열망하는 훈노족 사람들이 태어날 때부터 그러한 동기를 가지고 있지는 않다. 그렇다면 아마 훈노족 사람들은 나에게 이렇게 물어볼 것이다.

"아틸라, 내가 족장이 되고자 하는 충분한 열망을 가지고 있다는 것을 어떻게 알 수 있는가?"

나의 조언을 구하는 사람들에게, 나는 이런 생각을 전하고자 한다.

- ★ 리더가 되기를 원하는 자는 공정함 속에서 개인적으로 상당한 인정을 받고, 마음속에 기꺼이 인정받길 원하는 열망을 가지고 있어야 한다.
- ★ 개인의 불행·좌절·거절·실망을 극복하려는 회복력이 있어야 한다.
- ★ 예하 구성원들이 지시에 잘 따르게 하고, 위임된 노력을 통해 책임을 완수하는 데 집중할 수 있는 용기·창의력·체력이 있어야 한다.
- ★ 여러분들의 아주 지극한 개인적 노력과 방법을 통해, 때때로 야영하면서 듣는 풍자 섞인 얘기들과 전설적인 이야기들이 자신의 위대함으로 채워지는 것이 가능할 것임을 알고 또 그렇게 해야 한다.
- ★ 리드하고자 하는 열망이 과욕의 형태를 보여서는 안 된다.

이는 실패를 야기할 것이다. 준비, 경험, 그리고 기회로 이끌기 위해 당신의 의욕을 기꺼이 억제할 수 있어야 한다.

★ 성공은 각자 자기 위치에서 열심히 일하고자 하는 지속적인 의지에 달려 있다는 것을 명심해야 한다. 노력은 영감을 지배한다!

★ 반대와 도전에 직면하더라도 인내심을 가져야 한다.

★ 복잡한 문제를 해결하는 데에는 상식과 엄청난 양의 지식이 필요하다.

★ 동시대에 살고 있는 다른 사람들이나 부하들이 유능하다고 해서 위협으로 인식해서는 안 된다. 오히려, 여러분 부족장들은 이러한 능력 있는 팀장을 선택하는 데 지혜를 발휘해야 한다.

★ 여러분들이 봉사하는 대상들과 당신이 이끄는 부하들을 위해, 그들로부터의 인정과 감사에 대한 어떠한 보상이 없어도 개인적으로 희생할 용의가 있어야 한다. 이런 희생은 무리 지어 사냥을 갈 때, 일부러 함께 가지 않는 식으로 희생하기도 하고, 부하들을 발전시키기 위해서 상당한 정성과 인내가 필요한 경우도 있다. 여러분의 요구 사항은 채워지지 않더라도 부하들의 요구 사항부터 해결해 주는 방식으로 희생해야 한다. 다른 야영지에서의 상황이 여러분의 참여와 관심을 바라는 경우에는, 자신의 야영지에서 벌

어지고 있는 잔치에 빠지고라도 그곳으로 갈 용의가 있어야 한다.

★ 성공을 위한 열정이 있어야 한다. 즉, 자신과 흉노족 사람들을 탁월하게 만들 수 있게 준비하도록 이끄는 열정을 말한다.

★ 당신이 맡은 직위에서 수행하는 업무의 중요성을 인식하고 필요한 능력을 배우고, 듣고, 성장시킬 의지가 있어야 한다. 이것은 종종 여러 이해관계에 대한 엄청난 노력과 희생 없이는 이루어지지 않는다.

★ 당신은 자신의 본연의 모습을 지키도록 노력해야 하며, 얼굴에 헛된 자만심을 나타내지 말아야 한다.

★ 여러분은 결점이 있으며, 어제보다 더 나은 부족장이 되기 위해 매일 노력해야 한다는 간단한 사실을 기꺼이 받아들여야 한다.

나는 여러분들에게 주어진 의무들을 성공적으로 완수하기 위해서 필요한 노력을 다하지 않으려 한다면, 그런 직책을 결코 받아들이지 말라는 충고를 남긴다.

3
규칙을
따르는 법부터 배워라

흉노족은 매우 독립적인 다민족과 다언어 부족들의 집합체로서, 눈에 띄는 신체적 특징이 없었고, 신봉하는 종교는 없었지만, 군사적·정치적인 일에 대한 재능이 있었으며, 변덕이 심한 불안정한 특성과 감상적 영웅주의라는 공동의 끈으로 엮인 특징이 있었다. 그러나 그들은 유목민적인 자질로 단련되어 있었고, 그런 자질은 수세기 동안 평화롭고 목가적인 삶을 찾기 위한 끊임없는 이주 생활로 이어졌다.

흉노족 사람들은 친구와 적 모두에게 영향을 주는 어떤 마법과도 같은 매력을 가지고 있었다. 그들은 외부인들을 그들의 부족에 동화시킬 수 있을 뿐만 아니라, 그들 스스로 외국인들과 동화하는 능력도 있었다. 그들은 복잡한 문화를 가진 독특한 사람들이었다. 그들은 그들이 마주한 모든 것을 종합해 놓은 것과도 같았다. 외부인들은 흉노족 사람들을 두려워하기도 했지만, 그들 중 상당수는 흉노족 사람들과 합류했고 심지어 흉노족을 위해 목숨까지 바쳤다. 흉노족 사람들은 종종 서로 상충되는 특성을 지닌 것처럼 보이기도 했지만, 확실한 민족성이라는 공통점을 가지고 있었다.

여성, 연장자, 조상을 존중하는 것으로 알려진 흉노족 사람들은 보수적이면서 도덕적인 철학을 가지고 있었다. 그들은 인간이 철학적·정치적·사회적 본성이 추상적 개념에 종속되게 만드는 세속적이거나 종교적인 교리와 관행을 거부했다. 그들은 교활하지 않았고 인간의 선함에 대한 순진한 믿음 때문에 종종 복잡하고 권모술수에 능한 외교 전문가들에 의해 희생양이 되기도 했다.

그들의 노래는 자연에 대한 사랑으로 가득 찬 향수를 불러일으키는 소박하고 끝없는 이야기였다. 모든 부족에서 영웅적 역사 이야기에 지대한 관심을 보였고, 또한 정치적 풍자로 가득 찬 유머를 찾아볼 수 있었다.

흉노족 사람들은 기적을 강하게 믿었고, 아름답지만 현실적이지 않은 이상을 지녔으며, 낙관적이고 융통성 있는 사람들이었다. 사냥에 대한 그들의 사랑은 그들의 전통에서 잘 찾아볼 수 있었다. 아마 남자들끼리만 모여서 즐기는 '총각 파티(Stag Party)'의 풍습을 시작한 것은 흉노족 사람들이었을 것이다.

　대체로 그들은 삶과 인류에 대한 보편적인 성향을 지닌 사람들이었지만, 자유를 향한 사랑, 지나친 자부심, 변덕스러운 성격은 종종 그들이 군대와 정치적 규율을 모두 거부하게 만들었다.

　이렇듯 흉노족 사람들이 공통의 장점을 가지고 있으면서도 많은 차이점들을 가진 구성체였음에도 불구하고, 아틸라의 강렬한 개인적 호소를 통해 단기간에 강력한 군사력과 외교력을 가진 국가로 단결시킬 수 있었던 것은 아마도 그들의 강한 명예와 충성심이 있었기 때문이었을 것이다.

아틸라, 규칙을 따르는 것에 대하여 말하다

　흉노족의 구성원이 되려는 사람은 누구나 배우고, 적응하고, 흉노의 관습을 지켜야 한다. 그들이 흉노족 사람이 아니라면, 우리는 그들을 로마인이나 로마 제국과 결탁한 자로 의심해야 한다. 그러므로 우리는 그들을 조심해서 다루어야 한다.

　흉노족 사람이라고 해서 자신을 특출한 전사로 만드는 그러한 특징들을 꼭 다 갖출 필요는 없다. 그러나 모든 흉노족 사람들은 우리를 강하고 통일된 부족국가로 만들게 할 수 있는 것들을 기꺼이 따라야 한다. 우리는 목적을 위해 하나이어야 하지만, 부족이나 국가를 혼란에 빠뜨리지 않는 한 개성은 보존되어야 한다.

흉노족 사람들에게 좋은 것은 부족과 국가에도 좋을 것이다. 반대로, 그 부족과 국가에 좋은 것은 흉노족 사람들에게 좋은 것이어야 한다. 그렇지 않으면, 로마 제국으로 귀화하는 사람들이 생길 것이다.

우리가 전투, 축하, 의식, 또는 다른 행사를 위해 의복을 준비할 때, 흉노족 사람들은 관례적으로 입는 옷을 입게 할 것이다.

흉노족 사람들만의 방법을 제대로 정립해 놓으면, 그들이 앞으로 여러 상황에서 무엇을 어떻게 해야 하는지를 젊은이들에게 가르칠 수 있다. 흉노족 사람들이 규칙을 제대로 배우지 않으면, 부족장들은 그들이 규칙을 따르는 것을 기대할 수 없게 된다.

우리의 고결한 유산을 찬양할 때, 우리의 노래와 춤은 독특하고 유일할 것이다. 이를 위해서는 우리의 유산을 혼란에 빠뜨릴 수 있는 오염된 것들을 들여와서는 안 된다.

우리들의 의지에 반대하는 자들에게 공물을 바치게 하고 충성심을 강요하는 방법을 계속 사용하면서 우리는 힘을 키워야 한다. 우리가 우리의 힘과 적들의 영향력을 제대로 인식하지 못하게 되면, 적들은 우리를 퇴보하게 만들 것이다.

만약 어떤 변화가 우리의 입지를 더 강화시켜 주는 것이라면, 상황이 허락하는 한 우리는 관습을 바꿔야 한다. 그러나 우리는 흉노족 국가가 성공하는 데 핵심이 되는 관습들을 없애 버릴 수는 없다. 우리는 강력한 흉노족의 부족장이 자신의 이익에만 부합되는 풍습을 만들려는 시도를 허용할 수 없다. 관습은 개인의 것이 아니라 부족 전체의 것이기 때문이다.

 흉노족의 일원이 되고자 한다면, 우리의 대의명분을 위한 헌신과 강한 애착심이 요구된다. 우리의 관습을 따른다는 것은 우리의 전통과 현재와 미래와 같이하겠다는 맹세와도 같다.

 흉노족 사람들은 부족에 대한 지속적인 의무를 맹세해야 한다. 다시 말해서, 리더로서 우리는 그러한 지속적인 신념에 걸맞은 강한 전통을 가지고 있어야 하며, 현재뿐 아니라 우리가 영원히 소중하게 여겨야 하는 원칙과 방식을 모든 부족과 구성원들이 지키고 따라야 한다.

 강력하고 독립적인 유산을 가진 우리 흉노에게, 나, 아틸라가 다음과 같은 것들을 우리의 풍습으로 삼으라고 권하는 바이다.

- ★ 모든 흉노족 사람들은 개인과 부족의 명예를 굳게 지키는 것이 관습이다. 이것이 가장 중요한 덕목이다. 한마디의 말이라도 정치적 편의나 사리사욕을 떠나서 해야 한다.
- ★ 우리는 천한 태생이든, 귀한 태생이든 능력이 있는 사람을 귀하게 대해야 한다. 우리는 부족장들을 임명할 때, 조상이 누구냐를 따지지 말고 가장 잘 이끌어 갈 자격이 있는 자를 임명해야 한다.

★ 우리는 무고한 사람들에게 보복하거나, 비양심적인 수법을 사용하거나, 의심만 가지고 오갈 데 없는 적들을 죽여서는 안 된다. 우리가 영향을 미치려고 하는 모든 사람들의 눈에는 강인하게 보여야 하지만, 불필요한 공포심의 사용은 비열한 짓이다.

★ 조상이 하나이고 인종이 같은 나라는 약하기 마련이다. 우리는 우리 대의에 동참하고자 하는 모든 외부인을 환영하고, 그들을 존중하되, 그들에게 우리의 언어와 관습을 가르쳐서 우리의 관습을 엄중하게 지키도록 해야 한다.

★ 우리가 받아들인 차이점과 다양성은 우리 공동의 목적에 부합되게 각 부족들과 국가에 통합되도록 노력을 기울여야 한다.

★ 아시아와 유럽의 조상에게서 물려받은 우리의 민족·문화·도덕·사회적 유산은 모두에게 인정받고 존중되어야 한다.

★ 우리는 결코 우리 자신의 명예만을 위해 탑을 쌓아서는 안 된다. 우리는 개인과 민족의 자존심을 굳건히 지키되, 우리 생명력의 끈을 약화시키고 우리가 보살펴야 하는 국민들에게 거만하게 대하는 이기적인 관행에 희생되어서는 안 된다.

★ 우리는 높은 이상과 낙천주의적 관습을 굳건히 지켜야 한다. 우리가 아닌 개인이나 사적인 조직의 이익을 얻으려는

사람들에 의해 폄훼되어서는 안 된다.
- ★ 우리의 노래, 춤, 놀이, 익살, 그리고 축제들은 흉노족 사람들로서 우리의 충성심과 정체성을 새롭게 할 수 있는 좋은 기회로 항상 변함없이 남아 있어야 한다.

너희 부족장들은 다양한 사람들과 부족들로 인하여 정체성이 결여되어 흔들리지 않도록 강하고 힘이 넘치는 흉노족 사람들의 나라로 만드는 관습을 계속 가르치고 실천할 책임이 있다.

4
평화는 '사기와 규율'에서 나온다

흉노족의 야영지에는 기쁜 일도 있었고, 슬픈 일도 있었지만 그들은 늘 활기찬 생활을 즐겼다. 승리는 기쁨과 축제와 같은 분위기와 오래 지속되지는 않지만 안정감까지 가져다주었다. 전사들의 죽음, 보급 물자가 줄어드는 시기, 부족 간의 싸움 같은 것들은 슬픔과 절망을 가져왔다.

흉노족의 사기와 규율은 매우 높거나 아니면 매우 낮거나 할 정도로 극단적일 때가 많았다. 아주 드물게는 그들이 살아가는 동안 현상 유지하는 정도로 평온했던 적도 있었다. 야심에 찬 부족장들은 약한 부족장들의 지휘권을 훼손하고, 야영지를 혼란에 빠뜨리기도 했다. 흉노족으로서 민족의 대의명분이 없다는 것이 사기와 규율을 혼란스럽게 만들기도 했다.

흉노족 사람들의 방식으로는 미래가 불확실했으며, 늘 전쟁을 치르고, 전리품을 약탈하거나, 마차를 타고 새로운 정착지를 찾아다녀야 사기가 떨어지지 않았다. 사실 그들은 자연의 한계를 온몸으로 느끼며, 변덕스런 운명에 맞부딪혀 가며 이겨 내기 위해서 낙관적인 결심을 하는 과정에서 사기가 올라가던 무리였다.

흉노족의 왕으로서 아틸라의 임무는 야만스런 부족들 사이에 단합을 이룰 수 있는 새로운 사기와 규율을 확립하는 것이었다. 과거의 개인적 관습은 줄이고, 뿔뿔이 흩어져 다녔기 때문에 규율이 서지 않던 유목민 무리의 생활 방식을 멀리함으로써 더 큰 운명공동체가 만들어졌다. 야영지에서의 평화는 새로운 민족주의 정신에서 비롯될 수 있었다.

아틸라에게 그 일은 간단한 일이 아니었다!

아틸라, 사기와 규율을 말하다

우리는 유목 생활의 전통을 지켜 왔기 때문에, 국가 차원의 사기와 규율에 대해서는 거의 관심을 두지 않았다.

우리는 우리 부족들끼리 통일이 된 적도 있었지만, 우리 부족들 중 일부가 다른 나라에 충성심을 팔아 버렸을 때는 이런 단결의 의미가 사라져 버리기도 했다.

우리 흉노 사람들은 흉노족이 된다는 것이 무엇을 의미하는지를 끊임없이 알아야 할 필요가 있다. 우리가 확실하게 정복할 수 있었던 나라에 우리 부족들이 하나씩 병합될 때마다 흉노의 정신은 늘 훼손당해 왔다.

통일국가가 되기 위해 우리 앞에 닥친 시련을 이겨 내려면 흉노족으로서의 사기와 규율은 무엇보다 중요하다고 생각한다.

나는 여러분에게 사기와 규율을 가르치기 위해 이 시간에 여러분들을 함께 불렀다. 사기와 규율을 통해 우리는 야영지에서 평화를 얻을 수 있을 것이다. 내 조언을 듣고 배워라!

★ 사기와 규율은 부족을 단결시키는 핵심이다.
★ 흉노족의 사기를 알아보는 결정적인 방법은 자신들이 한 행동에 대해서 책임을 질 수 있는 범위 안에서 얼마나 규율이 잡혀 있는지를 보는 것이다.
★ 규율은 억압하라는 말이 아니다. 규율은 흉노 사람이면 마땅히 지켜야 할 올바른 것들에 대한 가르침을 말하는 것이다.
★ 사기는 흉노족의 일원으로서 자신이 속해 있는 부족을 위해서 봉사하고자 하는 정신적인 힘을 말한다. 사기는 캠프 파이어 주변에서 통제되지 않은 채로 휘젓고 다니거나 흥청거리는 것으로 만들어지는 것이 아니다.

★ 훈노족 사람들이라고 해서 항상 규율을 잘 받아들이는 것은 아니다.

★ 부족장은 규율과 사기를 제대로 확립하고, 부족 내에서 기강을 유지하기 위해 노력해야 한다.

★ 규율을 지켜야 한다는 것이 개성의 상실을 의미하는 것은 아니다.

★ 규율은 결코 우리의 부족이나 국가라는 범주 안에서 우리가 중요하게 생각하는 질서나 원칙으로부터 벗어나는 것을 허용해서는 안 된다.

★ 사기는 훈노의 일원이라는 자부심에서 나오고, 규율은 사기에서 나온다.

★ 부족장들은 결코 사기가 떨어지고, 규율이 지켜지지 않는 상황을 용납해서는 안 된다. 사기를 올리고 규율을 제대로 유지할 계획을 가지고 있어야 한다! 사기가 떨어지고, 규율이 지켜지지 않는 상황에 항상 대비해야 한다!

★ 규율은 훈노의 일원이라는 내적 자신감을 길러 준다. 따라서 규율이 사기를 만든다.

★ 훈노 사람들은 그들의 삶에서 규율을 찾는다. 그들은 스스로 규율을 잘 지키는 부족장들을 더 흔쾌히 따른다.

★ 사기와 규율의 부족은 야영지나 부족 안으로 침투해 올 수 있는 가장 전염성이 높고 파괴적인 질병이다.

- ★ 사기와 규율은 대부분 부족장이 만드는 것이다.
- ★ 현명한 부족장은 신체적·정신적 체력을 시험하는 일련의 기회를 부여함으로써 그들의 규율을 시험한다. 그러나 부족장은 결코 받아들일 수 있는 능력 이상으로 그들을 시험해서는 안 된다.
- ★ 규율은 부족이나 국가의 이익과 임무를 위해 지켜야 하는 질서와 순응해야 할 수준 안에서만 지켜져야 한다. 필요 이상의 것을 요구하는 것은 권력을 남용하는 것이며 부족 내에서 반란만 일으킬 것이다.
- ★ 현명한 부족장은 지나치게 가혹하거나 불필요할 정도로 느슨한 규율은 사기를 떨어뜨릴 뿐이라는 것을 잘 알고 있다.

여러분의 캠프나 부족에서의 평화와 화합은 규율 잡힌 행동과 목적에 대한 합리적인 기대감으로부터 나올 것이다. 사기는 그런 합리적인 규율을 강화하는 데 도움이 될 것이다.

사기와 규율을 얻을 수 있는 일정한 패턴은 없다. 리더로서 성공을 위한 결정적 비밀은 오로지 직책에 따른 책임을 다하겠다는 인식, 즉 태도에 달려 있다.

전쟁터에 임하거나, 외교적 상대를 다룸에 있어서 여러분의 강점을 활용해야 할 때, 여러분은 야영지나 부족에서 만들어진 사기와 규율을 통해서 보상의 결실을 맺을 수 있을 것이다.

자, 이제 내가 한 조언의 이점을 잘 새겨듣고, 여러분의 야영지나 부족으로 가서 단합이 필요한 새로운 목표를 세우고, 흉노의 일원이라는 새로운 자부심을 심어 주어라.

흉노의 일원으로서 가지게 되는 충성과 헌신, 그리고 정신은 우리의 모든 부족이나 야영지에 자신감과 위안과 평화를 심어 줄 것이다. 그런 것이 없다면, 우리 사이에서는 계속해서 불만이 널리 퍼지게 될 것이고 뚜렷한 목표도 없이 방황하던 삶으로 되돌아갈 것이다.

5
단결을 저해하는 교활함을 경계하라

　오랫동안 독립적인 여러 부족으로 뿔뿔이 흩어져 있었던 흉노 사람들은 유목 생활의 가르침을 따랐다. 그들은 여전히 국가를 이루지 못한 채 그들의 관습에 의해서만 결속된 작은 부족이었다.

　정치적으로 보면, 다뉴브강 유역에서 살면서 흉노족을 다스리던 왕은 아시아나 러시아 지역에 흩어져 살고 있던 흉노족에 대해서는 그 어떤 권한도 가지고 있지 않았다. 부족장들은 자신들이 원하는 대로 다른 부족을 지배했고, 그들끼리 서로 약탈했으며, 물자가 떨어질 때마다 옮겨 다녔다. 그들은 다음 목적지가 어디며 무엇을 할 것인지에 대해 계획하는 데에는 전혀 노력을 기울이지 않았다.

정복당한 인종과 혼인하는 경우도 많았다. 통일된 강력한 힘이 없었다면 흉노족은 서서히 유럽인종 속에 섞여 흡수되고 말았을 것이다.

문주크의 아들이자 참(Cham) 왕의 32대 후손인 아틸라는 황실에 직접 소속되지 않은 부족장들에게까지 자신의 권위를 강요하려 하지 않는 한 반대에 부딪힐 일이 없었다.

그래서 흉노족은 종종 다른 민족의 지배 아래에 있기도 했다. 어떤 부족장들은 종종 자신을 포함한 전사들을 아주 비싼 값을 받고 용병으로 팔아넘기는 경우도 있었으며, 심지어 같은 흉노 사람들과 싸우는 것에도 아무 거리낌이 없었다.

그렇게 단결되지 않고 분열된 국민들에게 국민적 정서가 있을 수 없었고, 부족마다 개별적으로 생활했기 때문에 단합된 행동을 기대할 수도 없었다. 뿌리가 흔들리고, 여기저기서 변덕이나 필요에 따라 쫓겨 다니는 등, 흉노족 사람들은 아무런 이익도 얻지 못한 채 각종 전투나 치르며 힘만 낭비하고 있었다.

그러나 아틸라는 흉노족이 한번 제대로 결속하고 힘을 얻으면 쉽게 강대국이 될 수 있다고 생각했다. 흉노족이 로마나 콘스탄티노플로부터 두려워할 것 없었던 시기에, 그는 세계 정복에 필요한 무적의 흉노족 군대를 만드는 일에 전념했다.

우선 군대를 집결하여 편성하고, 독자적으로 움직이던 부족들을 통합시켜야 했다. 그러나 이러한 일에는 항상 장애물이 있었다. 그 첫 번째 장애물은 바로 가족, 즉 내부에 있었다.

아틸라, 내부의 교활함에 대해서 말하다

흉노족이라고 하면 오랜 유랑 생활을 같이해 왔던 사람들일 뿐만 아니라 영웅적인 모험에 동참하고자 했던 모든 사람을 일컫는 말이다. 세계를 지배할 민족으로서 충분한 잠재력을 갖추기 위해서는 흉노족의 일원이 되어 그 꿈을 이루고자 하는 모든 부족들을 진심으로 받아들여야 한다. 흉노족의 가치는 일단 흉노족이 되는 것만으로 결정되지는 않는다. 흉노족의 가치는 어떤 상황에서도 통일된 부족 국가로서 추구하고자 하는 목표를 지지하겠다는 그들의 확고한 열망에 달려 있다.

우리는 나라나 민족이라는 대의보다는 자신의 욕심을 이루고자 하는 야망을 우선시하는 몇몇 부족장들과 흉노족 사람들 때문에 야기된 많은 병폐들을 겪었다. 이들은 공공연하든 비밀리에 하든 오로지 개인적 이익을 위해 적에게까지 자신의 지지를 맹세하는 사람을 말한다. 우리 부족 중에는 무의미한 논쟁을 하거나 여러 형태로 부족장들에 대해 반기를 들던 사람들이 있다. 그들의 이익은 부족, 국가, 민족에 대한 충성심을 갉아먹으면서 만들어진 것이다.

이제, 우리가 우리의 잠재력을 바탕으로 강력한 국가가 되고 이를 계속 유지하려면, 부족의 구성원들, 부족장 또는 나, 아틸라가 운명적으로 성취해야 할 통일에 동참하기 위한 흉노족의 일원으로서 우리가 제대로 일어설 수 있도록 방법을 획기적으로 변화시켜야 한다.

내가 어떤 수준에서든 또는 어떤 문제에 있어서든 우리의 단합을 저해하는 개인, 부족장, 종족들 가운데에서 나타날 수 있는 어떤 교활함도 더 이상 참지 않을 것임을 전하라.

그런 교활한 짓이나 부여된 권한을 넘어서는 짓을 시도하는 것을 내가 알게 된다면, 그들은 그 즉시 우리의 가치에 순응하거나, 아니면 아주 혹독한 처벌을 받게 될 것이다.

비록 내가 그런 교활한 사람들이 가지고 올 재앙에 대한 지도와 주의를 줌에 있어서 지금 여기 모닥불의 불꽃이 다 타서 재로 변할지라도 나는 이 자리에서 여러분들이 배우고 이해하기에 충분한 조언을 해 줄 것이다.

- ★ 공개적으로는 충성을 맹세하면서, 개인적으로는 불만을 퍼뜨리는 흉노족을 조심하라. 부족장이든, 최고의 전사이든, 이런 비열한 인간들을 가려내고 제거하기 위해 모든 노력을 기울여라.
- ★ 현명하게 처신하고, 여러분 캠프와 부족에 있을 수 있는 브

루투스(Brutus)와 같은 사람에 대비하라. 브루투스에게 주었던 신뢰는 시저(Caesar)를 암살하는 결과를 낳았다.

★ 흉노족 사람들이라고해서 항상 화합할 것이라고 기대하지 말라. 그러나 그들이 가진 서로 다른 견해의 차이를 살펴보고, 그런 견해 차이가 다른 사람들에게 불만으로 퍼지기 전에 해결될 수 있도록 노력을 기울여야 한다.

★ 흉노족 사람들에게 무의미한 시간을 너무 많이 허락하지 마라. 이것들은 불만의 시작을 만들 뿐이다.

★ 죄가 없는 사람에게 실패의 책임을 전가하지 말라.

★ 흉노족 사람이 다른 사람의 공적을 가로채서 명성을 얻도록 내버려 두지 말라.

★ 그 결과에 대해 책임을 지고, 그 결과에 대처할 준비가 되어 있지 않다면, 다른 흉노족의 안전과 존엄을 결코 위협해서는 안 된다.

★ 가까이 다가가라! 흉노족 사람들의 좋은 일과 나쁜 일을 모두 귀담아들어라! 그렇게 하지 않으면, 여러분은 그들이 뒤에서 투덜대며 불만을 제기할 이유만 제공하게 될 것이다.

★ 원칙적으로 처리하되, 융통성이 없어서도 안 된다.

★ 국가와 여러분들이 속한 부족의 정책에 순응하라. 그렇게 하지 않는다는 것은 여러분이 개인적 욕심을 채우는 여러 방법 중에서 하나를 찾고 있는 것과 같다. 그렇게 되면, 아무리 과

감하고 끈질긴 노력을 하더라도 패배하게 될 것이다.
- ★ 좀처럼 보기 힘든 훌륭한 인품과 청렴함을 보여 준 흉노족 사람은 반드시 포상하라.
- ★ 단결의 정신은 모든 흉노족의 방식과 태도에 있어서 기본 원칙이 되어야 한다. 일단 분열되면, 우리는 쉽게 다른 나라의 지배를 받게 될 것이다.

  나 아틸라는 리더로서 성공하기 위한 이 비결들이 흉노족 사람들 모두에게 전파되어, 우리가 단결함에 있어 여러분들이 솔직해지기를 바라며, 우리 지파들 사이에 불평불만을 퍼뜨리는 자들을 무시하고 멸시할 것을 촉구한다.

  우리 부족들이 강하고 얕잡아볼 수 없는 나라로 통일되는 것은 오로지 우리의 명확한 대의명분과 거대한 무리의 운명에 대한 책임을 지는 리더들에게 충성을 다할 때에만 실현될 수 있다.

6
존중을 주고, 존경을 받아라

　아틸라는 루머의 영향력에 대해서 익히 배운 바가 있었다. 유익하다고 생각하거나 혹은 혐오스럽게 생각하는 루머 몇 개가 종종 수천 명의 희생자를 만들 수 있는 힘이 있다는 것을 잘 알고 있었다. 그는 그런 루머를 잘 활용함으로써, 자신의 "위대한 정복"을 가로막고 있는 많은 장애물을 제거할 수 있었다.

　그는 대중들이 자신을 비난 대상으로 삼을 수 있다고 생각했다. 그에 대한 평판은 그와 그 자신에게만 중요할 뿐이었다. 그는 자신이 누구인지, 그런 평판을 활용해서 얻을 수 있는 것이 무엇인지 잘 알고 있었다. 자신에 대한 평판이 자존심에 얼마나 영향을 미치느냐에 대해서는 중요하게 생각하지 않고, 오로지 전투와 협상의 결과에 미치는 영향만을 생각했다. 그래서 아틸라는 어떻게 보면 자신에게는 이로울 게 하나도 없는 별명으로 바꾸었다. 그렇게 함으로써, 그는 수천 명으로부터 각종 금전과 공물을 받아 부를 축적했다.

전해 내려오는 이야기에 따르면, 아틸라의 야망에 대한 공포심 때문인지, 아니면 개인의 순교자적 고통에 대한 취향 때문인지 모르겠지만 갈리아(Gallic)의 한 수도사는 그에게 새로운 별명을 만들어 주었다. 그는 아틸라를 "흉노족의 왕(King of Huns)"이 아니라 "신의 재앙(the Scourge of God)"이라고 불렀다.

아틸라는 새로 얻은 이 별명이 전쟁터와 협상에서 힘을 발휘할 수 있다는 것을 알아차리고는 그 별명을 두말없이 받아들였다. 왜냐하면, 그는 그와 같은 별명은 10만 대군과도 같은 힘을 가질 것임을 잘 알고 있었기 때문이다.

아틸라는 "신의 재앙"이라는 평판이 주는 이점을 강조하면서, 그런 소문에 영향을 받은 두려움을 면밀히 계획된 자신의 전략을 성공시키기 위해 필요한 자금을 구하는 데 적절히 활용했다. 서기 446년, 아틸라는 로마 제국으로의 진격을 준비하기 위해, 군대를 확장하는 데 필수적인 물자를 구하기 위한 자금이 필요했다. 그래서 그는 테살리(Thessaly)를 침략했다. 그의 목표는 테오도시우스 2세(Theodosius Ⅱ)에게서 자금을 뜯어내는 것이었다.

아틸라는 가장 악랄하고 사나워 보이는 전사를 선발해서, 그들에게 거친 모피와 가죽을 입히고 날고기만 먹이고 포로들에게 아주 끔찍한 고문을 가하라고 명령했다. 이 모든 것은 별명이 주는 루머의 효과를 계속 유지하기 위한 그의 계획이었다.

동로마 제국의 황제 테오도시우스가 흉노족과 싸우기로 결심한 것은 5년 전에 자신이 이긴 적이 있다는 잘못된 믿음으로 인한 대담성과 결단력, 그리고 흉노족의 무리들이 수도 근처까지 진격해 옴으로써 제국을 위협하고 자신의 안락함을 방해한 것 때문에 짜증이 났었기 때문이었다. 그러나 테오도시우스 황제는 테르모필레(Thermopylae)에서 휴전을 시도하기 전에 70개 이상의 마을이 완전히 파괴되는 것을 그냥 두고 볼 수밖에 없었다.

테오도시우스가 초기에 저항한 것, 그리고 이제 동로마 제국이 순순히 굴복한 것 등을 이유로 삼아, 아틸라는 평화의 대가를 높이 올려 불렀다. 로마의 포로들은 기존 금화 8닢에서 12닢으로 인상된 비용을 지불해야 풀려날 수 있었다.

아틸라는 훨씬 더 많은 것을 요구할 수도 있었다. 하지만, 그는 로마인들이 돈을 마련하기 위해 새로운 세금으로 그들의 국민들을 괴롭힐 것이라는 것을 알고 있었다. 아틸라는 농민, 상인, 장인, 평민 또는 제국의 신하들에게 부담을 주고 싶지 않았고, 그는 단지 부패한 지도자를 정복하려고 했을 뿐이었다.

아틸라, 존중을 주고 존경을 받는 방법을 말하다

당신보다 더 높은 지위에 있는 사람에게 적절한 예의를 지키고, 권위를 인정하는 것은 가치가 있는 일이다. 그리고 동료와 부하들에게도 존중의 의미를 표하는 것 또한 현명한 행동이다.

부족장이 훈족 사람들과 부족 사람들의 존경과 존중을 받지 못하면, 그의 권위는 약해질 뿐만 아니라 그 직책을 받아들일 자격 자체가 없는 것이다.

존경 또는 존중이란 것은 나 아틸라가 "신의 재앙"으로 악명 높았던 것처럼, 실제든지 아니면 인식만 그러하든지 간에 두려움이라는 것에서 생겨날지도 모른다.

그러나 존경이나 존중이 두려움에서 나오게 되면, 그것은 스스로 하기를 꺼리게 되고 권위와 목적에 대한 수동적인 저항으로 나타나게 된다. 일반적으로는 부하들의 사기 저하로 시작해서, 더 나아가 반란이나 파괴 등의 형태로 나타날 수도 있다.

진정한 존경과 존중은 사기가 오르게 만들어 주고, 유사시 지옥까지라도 따라가서 나라를 위하여 기꺼이 자신을 던질 수 있는 불굴의 충성심을 낳는다.

책임감이 커지기 때문에 부족장이라는 직책이 다른 사람들에게 더 많은 특권이 있는 자리처럼 받아들여지고 있다. 그런 직책을 가진 사람에게 일반인보다 더 많은 장점이나 특권을 주지 않는다면 누가 그런 직책을 맡으려고 하겠는가?

  우리는 노력과 모험적인 추진과 성취를 이룬 것에 대한 보상의 개념으로서 별도로 특권을 부여하는 것을 규정하는 체계를 가지고 있다. 흉노 사람들은 요구되는 존경이 합리적이고 다른 사람에게 해를 끼치지 않는 한, 우리 리더십에서 다양한 직책을 수행하고 있는 이들에게 특권을 인정할 것이다.

  그들은 길을 이끌어 갈 만큼 용감한 사람들이므로 그런 정도의 존중은 기꺼이 베풀어 주어야 한다. 그들 스스로도 그러한 존경을 리더십의 책임을 떠맡기기 위해 다른 사람이 돈 대신 지불하는 대가라고 생각하기 때문이다.

  그러나 나는 악명을 떨치며 이끄는 자와 기품 있게 이끄는 자 중에서 존경과 존중을 주고받을 때의 미묘한 차이가 결정적 차이를 만들 수 있다는 것을 미리 알려 둔다. 내가 해 줄 수 있는 조언은 다음과 같다.

★ 항상 직책이 주는 책임과 권한을 진지하게 받아들여라. 권한을 행사할 때, 결코 부하들에게 불리하게 적용해서는 안 된다. 직책을 이용하여 당신 부하들이 기꺼이 허락하는 것보다 더 많은 특권을 얻어서는 절대 안 된다.

★ 당신에 대한 평판은 당신들 스스로가 만들 뿐이다! 만약 다른 사람들이 당신에 대해서 나쁘게 말하고, 나쁜 방법으

로 당신이 잘못한 것으로 돌리고 더 큰 목적을 달성하지 못하게 한다면, 당신은 그런 적대적인 사람들을 없애거나 그들의 생각을 수정하게 만드는 방식으로 행동해야 한다. "신의 재앙"이라는 평판이 받아들이기 쉽지는 않지만, 적을 상대하는 데는 장점이 있기 때문에 받아들였을 뿐이다. 그러나 나는 내 백성들로부터 그런 평판을 얻고 싶지는 않다. 백성들이 나를 그런 악한 의도를 가지고 있는 사람으로 생각한다면, 나는 그들의 왕 노릇을 오래 하지 못할 것이다.

★ 왕은 적으로부터 전리품을 얻기 위해 자신의 분노와 권력을 사용할 수 있지만, 부족장은 그러한 특권을 가지고 있지 않다. 왕으로서, 나는 흉노족 사람들의 행동에 영향을 미치게 할 목적으로 부족장들의 힘을 지혜롭게 활용하기 위해서 그들에게 의지해야 하더라도, 나 아틸라는 나를 넘어서서 영향력을 행사하는 어떤 부족장이라도 즉시 제거할 것이다.

★ 부족장이 특권에 눈이 멀어서는 안 된다. 직위에 대한 책임이 항상 우선되어야 한다. 특권을 위해서만 직위를 추구하지 않는 부족장에게 존경이 따라온다.

★ 리더십의 어떤 직위라도 부여되는 존중은 관습에 의해 따라야 하지만, 상황에 따라 바뀔 수도 있다. 궁전 안에서 특

권으로 보이는 것이 전쟁터나 외국 영토에서는 전혀 중요하시 않을 수도 있다. 리더십 직위의 특권을 행사할 때는 자신이 어디에 있고 누구와 함께 있는지를 알아야 한다.

★ 진급하였을 때는 당신이 이전에 하던 역할을 기억하는 사람들뿐만 아니라 당신의 역할 자체도 조정할 필요가 있을 것이다. 자신과 다른 사람들에게 인내심을 가져라. 이런 상황에서는 인격과 직위가 주는 권위만이 가치가 있다.

★ 항상 부하들에게 적절한 예의를 갖춰라. 만약 당신이 그들에게 존중을 표하지 않는다면, 그들의 부하들도 그렇게 될 것이다.

★ 적에게 경의를 표하는 것도 필수적이다. 일단 여러분이 적의 능력, 영향력과 잠재력을 제대로 인식하지 못하면, 여러분은 불리한 상황에 빠질 수도 있다. 테오도시우스가 나를 과소평가했을 때, 그들이 조공을 바쳐야 했던 대상은 바로 나, 아틸라였다.

이 조언과 함께, 나는 리더의 모든 지위가 현재의 책임에 합당한 존중의 대가를 받고 있으며, 이러한 존중은 우리의 적수인 로마인들로부터 봉사와 존경을 받는 훙노족 사람들에게 받아들여질 수 있다는 것을 알아야 할 의무에 대해 여러분과 함께 공유하고자 한다.

그럼에도 불구하고, 우리가 스스로 존중받아야 한다는 생각에만 갇히지 말고, 흉노 사람들이 앞으로 가야 할 길에 영향을 미치게 될 로마 제국의 힘도 과소평가하지 말라.

7
겉으로 드러나는 모습도 중요하다

 아틸라는 말을 타거나 휴식을 취하고 있을 때나 늘 그 존재감이 느껴졌다. 그는 평범한 훈노 사람이 아니라, 모든 훈노 사람들 중에서 가장 뛰어난 훈노 사람이었다.

 고귀한 척하는 로마인들의 화려한 차림새를 경멸하며, 아틸라는 훈노의 관습대로 단순하면서도 가공하지 않은 동물의 가죽을 그대로 몸에 걸쳤다. 그의 왕관도 깃털 하나로만 장식된 아주 간단한 가죽 모자였다. 그것은 그의 전사들과 비슷한 가죽 모자처럼 보였다.

 그는 힘이 넘치고 잘 달리는 검정색 군마(軍馬) 빌람을 타고 다녔다. 빌람은 체격이 아주 엄청났었는데, 빌람이 지나간 길에서는 풀이 더 이상 자라지 않았다고 한다. 빌람은 다른 훈노족들이 타는 어떤 말들보다 더 강인하고 빨랐다. 항상 먼저 전투의 최전선에서 싸움에 임한 아틸라에게 빌람과 같은 말은 필수적이었다. 그는 그들의 리더처럼 보일 수밖에 없었다. 빌람은 아틸라를 용감하게 섬겼으며, 흉노 사람들에게 확실한 위엄까지 보여 주었다.

전투에서, 아틸라는 흉노의 관습으로 내려온 활, 창 그리고 올가미로 무장하고 있었다. 거기에 검을 차고 있었는데, 이런 얘기가 전해져 온다.

블레다(Bleda)의 뒤를 이어 누가 왕이 될 것인가에 대해서 논쟁을 하던 중에, 어디선가 불에 휩싸인 검이 나타나서, 초원 한가운데 있는 땅에 단단히 박혔다고 한다. 아틸라와 몇몇 사람들이 그 마법의 검을 보러 갔다. 아틸라가 손을 내밀어 그 검을 잡자, 그 검이 아틸라의 손으로 튀어 올랐다. 보통 사람이 만들 수 없을 정도로 훌륭한 검이었다. 그것은 확실히 신이 내린 검으로, 아틸라가 흉노족의 왕이 되어야 한다는 것을 보여 주기 위해 보내졌다는 징조였다. 전설에 따르면, 아틸라는 모든 전투 때마다 그 검을 지니고 다녔다고 한다.

흉노 사람들은 외모가 그들과 그렇게 다르지 않았던 아틸라에 대해서 그들과 일체감을 느꼈다. 그러나 빌람과 신의 검(Sword of God)으로 아틸라가 겉으로 보여 준 모습은 그들을 이끌 운명, 그들이 따라야 할 운명, 그리고 그의 숭고한 역할로 존중받기에 충분했다.

그런 모습은 직위에 따른 특권을 드러나게 했고, 또한 직위에 걸맞은 적절한 감사의 표시이기도 했다.

아틸라, 리더의 보이는 모습에 대해 말하다

로마 궁정에서의 생활과 훈노족 사람들이 오랫동안 지녀 온 기질 덕분에, 나 아틸라는 부족장들이나 왕이 자신들을 섬기고 선택해 준 사람들 앞에 그들이 기대하는 모습대로 나타나는 것이 얼마나 중요한 일인가를 알게 되었다.

로마의 지도자들은 화려하게 장식해서, 자신들의 지지자들에게는 어색하게 보였고, 동맹국들에게는 혐오감을 주는 거만한 차림새였다. 그들은 겉모습에 우월성을 나타냄으로써 적을 심리적으로 허물어뜨리기 위한 수단으로 활용하려 했다.

모든 따르는 사람들은 그들의 리더가 때로는 궁정이나 전쟁터에서 대중들과 구별되는 차림새로 나타나기를 기대하는 것이 관례이다.

그러나 그렇게 구별되는 겉모습이 전사들에게는 모욕적이지 않고, 협상을 하거나 전쟁터에서 싸울 때 상대방의 파괴적 본능을 불러일으키지 않도록 하는 것이 현명한 일이다.

따라서 우리가 이 캠프파이어 주변에 모여서 여러분들과 함께 '배움과 이해'를 위한 대화를 나누고 있으니, 나는 부족장들의 겉으로 보이는 모습에 대하여 여러분과 함께 나의 의견을 나누려고 하는 것이다.

★ 부족장은 흉노 사람들을 희생시키면서까지 의복을 치장하거나 무장을 해서는 안 된다. 그의 의복과 무장은 관습이 허용하는 범위 내에서는 약간 차이 나게 할 수 있다. 그러나 그런 것들은 결코 비용이나 방법에 있어서 비싸거나 불쾌하지 않아야 한다. 단지 그가 이끄는 자들보다 우위에 있는 것처럼 보이려고만 하는 의도가 있어서는 안 된다.

★ 부족장은 잘 만들어진 검을 선택해야 한다. 보석과 금으로 장식되어 반짝거리는 것을 말하는 것이 아니라, 날카롭게 연마되고 세상에서 가장 좋은 재료로 만들어진 검을 말하는 것이다. 검은 부족장의 표시이기도 하다. 그의 검은 부족장 그 자신과도 같고, 전투에서 우수하다는 것이 증명되어야 한다. 부족장은 좋은 가죽과 모피로 옷을 해 입되, 금과 은으로 장식된 옷을 입으라는 말이 아니다. 거만한 외모는 증오를 낳고 계급 간의 경멸과 비웃음만 낳는다.

★ 용기와 승리라는 목적을 달성하기 위해 사나운 야만인처럼 보일 필요가 있다면, 그렇게 하라. 흉노 사람들과 부족장들

은 모든 가죽, 복장, 그리고 다른 의복들 중에서 가장 야만적인 복장을 해야 한다. 그런 모습은 적의 의지를 파괴하는 데 더 많은 도움이 된다.
★ 평온하고 목가적인 민족으로 보이는 것이 필요하다면, 야만적인 복장은 접어 두고, 그때에 어울리는 가죽옷과 복장으로 입어야 한다.
★ 사냥을 할 때는 사냥에 맞도록 준비하라. 가지고 있는 것 중에 최고의 활과 창을 사용하라. 그리고 숲에서 야생동물을 쫓을 때 당신에게 가장 편한 복장을 입으라.
★ 축하하는 자리에서, 부족장들은 그가 가진 가장 좋은 모피와 가장 손질이 잘된 가죽옷을 입는 것이 관례이다. 다시 말하지만, 무례하고 우월한 태도는 모인 사람들에게 경멸을 불러일으킬 뿐이고, 축하보다는 주의를 딴 데로 돌리게 마련이다.
★ 기품이 있어 보이는 부족장은 흉노 사람들과 적, 모두에게 제대로 된 대접을 받을 것이다.
★ 궁정의 어릿광대처럼 보이는 이는 어릿광대와 같은 대접을 받을 뿐이다.

앞에서 언급한 내용은 내가 관찰한 결과들로, 내가 왕으로서 행동하는 데 큰 도움이 되었다. 겉보기에는 별것 아닌 것처럼 보이지만, 복장과 무장은 부족장들에게 중요하며 여러분의 성공과 실패의 척도로 간주되기도 할 것이다.

8

상대도
현명하게 선택하라

 아에티우스의 아버지는 '아프리카 백작', '말의 달인'으로 유명한 전쟁터를 누비던 장군이었다. 갈리아에서 일어난 반란을 진압하는 동안 그의 부하의 손에 죽고 말았다. 판노니아(Pannonia) 출신의 게르만인이었던 그의 아버지는 부유한 로마 황실 가문의 딸과 결혼했다. 따라서 아에티우스는 유명한 장군의 아들이자, 로마 귀족의 아들이었다.

 어린 나이에 꼬마 인질로 외국의 궁정으로 보내진 아에티우스는 아틸라와 교환되어, 흉노의 루길라 왕의 궁정에서 살았다.

 아에티우스는 루길라 궁정에서 흉노 사람들의 전통과 방법을 배우고 그들의 집단적 성격을 잘 알게 되었다. 이때 배웠던 것은 훗날 흉노족, 특히 아틸라와의 일전(一戰)을 벌일 때 그와 로마 제국에 큰 도움이 되었다.

루길라 왕과 아에티우스는 무척 친해졌다. 나중에 그는 루길라를 설득하여 흉노의 군대를 통합시키고, 로마와 콘스탄티노플을 재통일시킬 수 있다고 생각한 군인이면서 아에티우스의 스승이 되었던 반달(Vandal)족 출신의 장수인 유수르퍼 요한, 즉 '찬탈자 존'과 동맹을 맺게 만들었다.

아에티우스는 뚜렷한 대의명분도 없이 황제가 되려고만 하는 특정 왕조의 이해관계에는 별로 관심을 두지 않았다.

로마로 돌아온 아에티우스는 귀족 카르필리오(Carpilio)의 딸과 결혼했다. 루길라 왕과도 계속 친한 관계를 유지하고 있었던 아에티우스는 나중에 '백작'이면서 동시에 '로마의 시장'이 되었다.

아에티우스는 확고한 원칙을 가지고 있었으며, 강인한 육체와 전술에 뛰어난 재능을 지닌 모든 면에서 탁월한 전사였다. 그는 흉노 사람들과 로마의 지성을 모두 익혔을 뿐만 아니라 양쪽의 강점과 약점에 대해서도 잘 알고 있었다.

아에티우스는 인생의 고난에 대해 알고 있었을 뿐만 아니라, 그가 살아가는 내내 사적(私的)으로나 공적(公的)으로 엄청난 고난을 겪었다. 몇 번씩이나 그는 청부 살인 업자들의 표적이 되기도 했었고, 번번이 기적적으로 모면한 것으로만 알려져 있다.

로마 제국의 부패로 말미암아 아에티우스는 흉노에게 충성하는 것이 어떨까 하는 마음까지 먹을 정도로 심각한 고민을 하기도 했었다. 그러나 그가 마음을 돌릴 수 있었던 것은 그가 가진 강한 의무감과 로마 제국에 봉사하겠다는 개인적 맹세 때문이었다. 그는 항상 로마 제국에 충성을 다하는 사람이었다.

훗날, 카탈루니아 평원에서 로마군을 지휘한 사람은 아에티우스였다. 그곳에서 그는 전투 지휘와 전술에 대한 지식을 모두 총동원하고, 흉노 사람들에게서 배운 것들을 역이용해서 아틸라 군대에 처음이자 유일한 패배를 안겨 주었다.

얼마 지나지 않아 로마 제국의 지도자들이 부패가 극에 달하게 되었고, 아에티우스는 더 이상 자신의 재능을 발휘할 기회를 얻을 수가 없었다. 아틸라가 이탈리아를 상대로 자신의 마지막 전역(戰域)을 시작하려고 할 때, 로마 제국은 아에티우스에게 아무런 조언도 구하지 않았다. 아에티우스의 조언을 무시한 대가로 여러 전투에서 로마 제국은 패배하고 말았다.

비록 아에티우스는 끝까지 로마 황실에 충성을 다했지만, 그가 노년에 이르자 아틸라에 맞서 로마군을 지휘하는 것을 꺼렸다. 아에티우스는 아틸라가 비록 적이기는 하지만, 위대한 일을 할 인물이자 가치 있는 사람으로 생각하고 있었기 때문이었다.

결국, 아에티우스는 자신이 그렇게 충성을 다해 모셨던 황제 발렌티니아누스가 보낸 암살자의 손에 의해 죽고 말았다. 아에티우스의 불명예스러운 죽음은 한 위대한 장군의 최후이자 아틸라가 존경했던 유일한 로마인의 죽음이기도 했다.

아틸라, 상대를 선택하는 방법에 대해 말하다

나, 아틸라가 너희 부족장들과 훈노 사람들에게 적을 선택하는 방법에 대해 조언해 줄 필요가 있어서 말해 주겠다.

우리가 살아가는 동안에 마주하게 되는 갈등은 대부분 훈노족 내부에서, 즉 우리 부족들이나 족장들 간에, 또는 훈노 사람들 사이에서 일어난다. 로마인들이 우리의 진정한 적이었던 경우는 거의 없었다. 우리가 바로 훈노 사람들이기 때문에, 외부에서 온 적들 중에서 전쟁터에서나 외교 무대에서 우리를 이길 수 있는 위엄과 기술을 가지고 있었던 아에티우스와 같은 이는 아주 드물었다.

훈노 사람들의 삶의 방식은 현명하기는 하지만, 갈등에 대처하는 방법에 대해서는 너무나 순진했기 때문에, 자신들이 스스로 언제 적을 만들게 되는지 전혀 알지 못하는 편이다.

만약 당신이 양보하는 것이 합당한 때에 다른 사람에게 양보하지 않으려고 하고, 충분한 이유가 있는 상황에서도 당신이 불안하다는 이유로 자신의 생각을 강요하려 하고, 다른 사람의 훌륭한 능력을 칭찬하는 것보다 자신의 허영심을 앞세우려는 태도를 벗어던지고, 만약 당신이 다른 사람들에게 영향력을 행사하기 전에 한 번이라도 다시 생각한다면, 내가 유일하게 맞수로 보고 적으로 선택한 아에티우스와 로마인들을 상대하게 될 때, 우리 캠프는 더 평온해지고 안정적이게 될 것이다.

흉노족이 아닌 사람들, 특히 로마인들을 상대할 때, 우리는 목적을 위해서 적을 만들 수밖에 없다면, 현명하게 대처해야 한다. 내가 관찰한 것과 경험을 돌이켜 보면, 의도 없이 적을 만들게 될 때 몇 가지 위험성을 알고 있었던 것이 많은 도움이 되었다.

이러한 위험성을 알지 못한다는 것은 부족장이나 전사로서 효율적인 임무 수행에 방해가 된다. 그러므로 지금부터 털어놓는 나의 비밀들을 잘 배워라.

★ 당신이 비록 왕이라 할지라도 모든 사람이 너의 의견에 동의할 것이라고 기대하지 마라.
★ 완고하고 비협조적인 적들과 협상하는 데 힘을 낭비하지 말라. 더 효과적인 수단으로 그들을 정복하라.
★ 모든 반대하는 자들을 적으로 여기지 마라. 부족 안이나 밖에서 다른 사람들과 생산적이고 우호적인 의견 대립은 있을 수 있는 것이다.
★ 부족의 규율이나 목적에 중요한 것이 아니라면, 모든 사람들의 행동을 따르게 하려고 애쓰지 마라.
★ 권한을 위임한 후에는 간섭하려고 시도하지 말라. 당신은 그렇게 간섭당한 부하를 적으로 만들게 될 것이다.
★ 좋고 유리하고 정당한 이유 없이, 화를 내지 마라.

★ 적이 강하든 약하든 간에, 지금이 아닌 다른 날에 여러분과 대항하게 될 적의 능력을 과소평가하지 말라.
★ 당신이 선택한 적이 어떤 상황에서도 유리한 입장에 서도록 내버려 두어서는 안 된다.
★ 적을 속일 기회를 놓쳐서는 안 된다. 적이 당신을 친구로 생각하도록 만들어라. 적이 너를 약하다고 생각하도록 만들어라. 적이 선불리 행동하도록 만들어라. 그러고는 적에게 아무 말도 하지 마라.
★ 당신의 노력을 기울일 만한 가치가 없는 적을 상대로 쓸데없이 힘을 쓰거나 노력하지 마라.
★ 적의 약점을 유리하게 이용하는 데 실패해서는 안 된다. 반면에, 적이 얕잡아 볼 수 없다는 것이 명백해지면, 물러나고 그를 정복할 수 있는 다른 날을 선택하라.
★ 진정으로 모욕을 주어야겠다는 마음이 아니라면, 적을 모욕하지 마라.

모든 흉노 사람들은 억제되지 않은 적대감을 나타내는 행동이나 쓸모없는 질투와 증오를 불러일으키는 행동들이 친구들을 적으로 만들 수 있다는 것을 잊어서는 안 된다. 흉노 사람들은 자신을 미워하는 부족장을 그리 오래 따르지 않을 것이다.

막강한 힘을 가졌던 로마인들은 어리석게도 자신들에게 대항하는 적을 스스로 만들어 내긴 했지만, 어떤 희생을 치르더라도 기꺼이 승리할 수 있다는 신념이 있었기 때문에 외교와 전장에서 승리를 거둘 수 있었다. 그런 로마인들이 있는 한, 심지어 나 아틸라까지도 샬론 전투에서 그랬던 것처럼 우리가 쓰라린 패배를 겪게 될지도 모른다.

9
모든 책임은 리더에게 있다

    흉노족 무리들은 아틸라가 통치하는 동안 새로운 단결된 정신을 받아들이기 시작하였다. 왜냐하면 아틸라는 그 부족들을 강력한 국가로 단합시키기 위해 겉으로 보기에도 단순한 원칙을 적용했기 때문이다.

    개인적 성취에 대해서 많은 보상을 주는 것이 아니라, 새롭게 부여된 조직의 목표인 부족 전체의 목표에 충성을 다하는 사람들에게 더 많은 보상을 줌으로써 아틸라는 부족의 새로운 문화를 만드는 기초를 제대로 다져 놓았다.

    이로써 더 이상 부족장들이 다른 민족에게 그들의 충성심을 서약할 수 없게 된 것이었다. 만약 부족장들이 그렇게 했다면, 아틸라는 그들을 제거해 버렸을 것이다.

흉노족 사람들은 더 이상 이 마을 저 마을을 누비며 노획품을 찾아 헤매는 부족들이 아니었다. 그들은 세계를 지배할 것이라는 새로운 목표와 방향성을 가지고 있었다!

이제 아틸라의 시대가 된 것이다. 로마 제국뿐만 아니라 심지어 멀리 떨어져 있던 변방의 나라들[1]까지도 아틸라를 너무나 두려워했던 나머지, 아틸라와 흉노족이 어떻게 행동할 것인가에 대비할 방책들을 가지고 있어야 했다.

가능한 한 아틸라는 외교 관계를 통해 자신의 영향력을 행사했는데, 그가 로마 궁정에 꼬마 인질로 잡혀 있었을 때 체득했던 기술들이었다. 그러나 만약 그런 외교를 통한 평화로운 방법으로 원하는 목적을 달성하지 못하면, 아틸라가 흉노 사람들의 폭력성을 마음껏 발휘하게 만든 후, 다른 부족이나 국가들을 자신의 통제하에 두기 위해서 새로운 협상을 시도하곤 했다.

아틸라는, 그가 가진 상대의 마음을 끌어당기는 마력, 영향력, 어쩌면 매력과 같은 것으로 흉노족 사람들을 하나로 단합시킴으로써 자신의 전사들과 부족장들에게 경외심을 불러일으켰으며, 심지어 어떤 사람들은 그를 신으로까지 숭배하기도 했다.

---

1   멀리 떨어져 있던 나라 : 역사와 전설에서 부정확하게 해석되었는데, 만리장성은 몽골의 무리들로부터(아마 심지어 아틸라까지 포함해서) 광활한 본토를 지키기 위해서 지어졌다고 추측할 수 있다.

아틸라의 통치 기간 동안 그의 위력은 너무나 막강해서 그를 화나게 해서 그의 분노에 직면하고 싶지 않은 부족장들은 조금도 저항하지 않고 그저 그에게 무조건 복종하였다.

아틸라는 직위가 주는 의무를 이행하기 위해 서두르지 않고 인내심을 발휘했고, 신중한 판단을 통해 허점을 보여 주지 않았다. 그의 계획은 수년에 걸쳐 구체화되었다.

비록 짧은 기간이었지만, 아틸라는 전 세계를 두려움에 떨게 만들었던 야만적인 국가를 완전한 지도력으로 장악하고 일련의 일들을 처리했었는데, 그것은 모두 그가 철저하게 계산해 둔 계획이었다.

아틸라, 부족장의 책임에 대하여 말하다

내가 오랫동안 관찰한 바에 따르면 국가와 부족, 그리고 그보다 작은 집단들이 리더가 얼마나 강한지에 따라서, 또한 리더가 구성원의 이익을 위해 반드시 수행해야 할 책무를 얼마나 수행할 수 있는 능력이 있느냐에 따라서 흥하기도 하고 망하기도 한다는 것을 알게 되었다.

로마 제국의 부패는 대부분의 리더들이 화려하긴 하지만 뚜렷한 목적의식 없는 삶을 찾아 헤매었던 결과였다. 그들은 국가 목표를 상실했고 로마군단이 스스로 책임져야 했던 것을 외국 군대를 고용하는 것으로 해결했던 것이다.

그들은 임무를 완수할 수 있는 능력이 얼마나 뛰어난지, 얼마나 단결력이 필요한지에 대한 것은 내버려 두고, 오로지 정치적 책략으로 관직과 지위만 얻으려고 했다. 따라서 그들의 리더십은 약화된 기반과 얄팍한 충성심에 뿌리를 두고 있었다.

우리는 부족들의 연합체로서 생긴 지 얼마 안 되는 신생 국가이긴 하지만, 신비스럽게도 우리를 결속시키는 강한 전통을 가지고 있다. 우리는 이 미묘한 결속력을 공동의 운명에 조금씩 더 희생해 가면서도, 더 강력하고 지속적인 유대 관계를 유지하기 위한 기반으로 삼아야 한다.

오늘 밤 이곳에 모인 우리의 리더들, 즉 부족장들과 소중한 전사들은 자신이 맡은 직책상의 임무에 대해서 잘 배워야 한다.

여러분 중 많은 사람들이 리더의 책임이라고 여기는 것에 대해 교육을 제대로 받지 않았기 때문에, 나 아틸라가 이제 이 문제에 대해 여러분에게 조언을 주고자 한다.

★ 각 예하 리더들은 각 직책별로 자신이 이끌어야 하는 무리들의 사기를 조성할 책임이 있다. 이런 사기는 계절이 바뀜에 따라 변화가 있는 것처럼 주기적으로 변할 수 있다. 우리가 날씨에 대해서는 어떻게 영향력을 행사할 수 없지만,

리더들은 자기 부족의 사기에 대해서는 영향을 줄 수 있어야 하고, 또한 통제할 수 있어야 한다.

★ 리더들은 각각의 해당 직책에 따른 전통에 따라 흉노의 사람들이 심판받고, 보상받고, 처벌받고, 구속받는 질서를 제대로 확립해야 한다. 모든 흉노 사람들이 지켜야 할 그런 규범이 없다면, 혼란 속에서 살게 될 것이다.

★ 리더들은 말이 아닌 행동으로써 예하 부족장들에게 사기와 성실, 정의감을 심어 줄 수 있어야 한다. 결코 말과 행동이 달라서는 안 된다.

★ 리더는 흉노 사람들과 그들의 동료, 상급자들 사이에 서로 깊이 신뢰하는 관계를 만들어야 한다.

★ 리더는 흉노 사람들이 제대로 이루어 낸 성과에 대해서는 그 가치를 높이 평가해 주어야 하며, 의무를 지려 하지 않는 것에 대해서 관용을 베풀어서는 안 된다.

★ 리더는 흉노 사람들이 새로운 지식과 경험을 바탕으로 그 능력이 지속적으로 향상되도록 이끌어 내야 한다.

★ 흉노 사람들의 노력들이 국가나 부족의 목표와 일치하는 한, 리더는 그들의 창의성, 행동의 자유, 혁신의 의지를 북돋아 주어야 한다.

★ 리더는 흉노 사람들에게 방향을 제시해야 하며, 절대로 그들이 목적 없이 방황하게 해서는 안 된다.

★ 부족장은 일반 흉노 사람들보다 더 많이 인정받게 되고, 더 많은 전리품을 얻게 될 것이다. 그러므로 나 아틸라는 일반 흉노 사람들보다 부족장에게 더 많은 것을 기대하는 것이다.

★ 부족장과 그 휘하의 리더들은 자신의 직무에 대한 책임을 배워야 한다. 그러한 지식이 없다면, 그들이 어떻게 자신의 임무를 완수할 수 있겠는가?

★ 부족장은 흉노 사람들에게 그들이 해야 할 바에 대해서 잘 가르쳐야 한다. 그렇지 않으면 그들은 아마도 부족장들이 예상치 못한 엉뚱한 일을 저지르게 될 것이다.

★ 부족장은 성취한 일이 기대한 것과 부합하는지 확인하기 위해 흉노 사람들을 수시로 확인하고 살펴보아야 한다.

★ 부족장은 절대 권력을 남용해서는 안 된다. 그러한 행동은 큰 분열을 일으킬 뿐만 아니라 부족이나 국가 전체에 반란만을 초래할 뿐이다.

★ 부족장은 흉노 사람들의 이익을 위해 개인적인 희생을 더 많이 해야 하는 사람이다.

★ 부족장은 물자가 모자랄 때, 자신보다 흉노 사람들을 더 아껴야 한다.

★ 부족장은 흉노 사람들 사이에 건전한 경쟁을 장려해야 하지만, 부족이나 국가적 목표에 해(害)가 될 때는 반드시 이

를 억제시켜야 한다.
- ★ 부족장은 법률이 적힌 문자 그 자체보다 그러한 법이 만들어지게 된 정신이 무엇인지에 대해 먼저 이해해야 한다.
- ★ 부족장은 명예, 도덕, 존엄성이라는 외투를 절대 벗지 말아야 한다.
- ★ 부족장은 절대로 이기적인 관계를 만들어서는 안 되고, 따라서 그들의 부하, 동료, 또는 상관에게 혜택이 돌아가도록 해야 한다.
- ★ 부족장은 다른 어떤 개인적 야망보다 자신의 임무에 대해 깊은 확신을 가져야 한다.

내가 리더십의 책임에 대한 조언을 계속할 수는 있다. 그러나 한 번에 이보다 더 많은 것을 기억하기는 어려울 것이다.

오늘 밤 내가 여러분들에게 이야기해 준 것은 어떤 직책에서든 리더십에서 성공하기 위한 비밀들이다. 그것들이 여러분들에게는 상식적으로 보일지도 모른다. 물론 그럴지도 모르겠지만, 실제로 보면 그렇게 잘 되지 않는 것들이다.

이번 캠프파이어에서의 조언 중에서 한 가지라도 생각하고, 한 가지 생각만이라도 가지고 떠나야 한다. 즉, 성공은 모든 형태의 실망과 낙담의 순간을 극복한 노력의 결과이다.

성공은 복잡한 전략을 통해 얻어지는 것이 아니다. 그것은 오직 여러분들 직책에 따른 의무를 성실하게 수행하고 리더십의 책임을 행사하는 것만으로 달성된다. 다른 어떤 것도 그걸 넘어설 수 없다.

자, 이제 흉노 사람들에게 가서, 내일 아침에 일어나 동료들을 따라다니며 부하들을 이끌 새로운 결심을 하라. 그렇지 않으면 우리는 로마 제국의 노예가 될지도 모른다.

10
작은 징후도 놓치지 말고 결단하라

아퀼레이아(Aquileia)[1]는 인상적인 풍경을 가지고 있었다. 산비탈의 높은 곳에 자리 잡고 있었으며, 성벽은 높고 두터웠으며, 성문은 강력해서 이탈리아의 요새와 같은 곳이었다. 아퀼레이아는 침략에 익숙해져 있었다. 수년간, 게르만들과 다양한 아시아 부족들에 대항하며 살아왔다.

그 내부는 잘 훈련된 수비대에 의해 요새화되었다. 비축된 식량과 탄약은 오랜 포위망을 견뎌 내기에 충분했다. 그곳의 사람들은 무역과 풍부한 농업으로 얻은 그들의 방대한 보물을 어떤

---

[1] 아퀼레이아(Aquileia) : 아드리아해 북단에 있던 고대 로마의 도시. 기원전 181년에 건설되었으나, 452년 아틸라에게 멸망당했다.

위압적인 침략자가 공격해 오더라도 빼앗기지 않으려고 단단히 결의를 다지고 있었다.

아퀼레이아 사람들은 흉노족을 직접 경험한 적이 없었다. 그들이 가지고 있는 흉노족에 대한 공포는 주로 흉노족이 다른 마을과 지역을 파괴적으로 공격했다는 이야기를 들은 데서 비롯되었다. 아틸라의 군대는 수적으로 규모가 아주 엄청났었다. 그 부대들은 마치 메뚜기 떼처럼 휩쓸고 지나는 곳마다 쑥밭을 만들어 놓곤 했었다.

흉노족 사람들은 이전에 다른 요새화된 도시들을 상대로 두 차례나 신속한 승리를 거두자, 아퀼레이아를 포위하기보다는 공격하고 싶어 안달이 났다. 군량과 말의 먹이가 부족해진 그들은 더 깊숙이 이탈리아로 진격하기 위해 안절부절못하고 있었다. 아퀼레이아를 정복하는 것은 로마 제국을 무너뜨리려는 아틸라의 계획에서 반드시 필요한 것이었다.

사기가 떨어졌다. 부족장들은 아틸라의 전술에 반발했다. 죽은 말을 잡아먹고 배급을 줄였다. 흉노족의 상황은 날이 갈수록 점점 더 절망적이 되어 갔다.

그러나 이들은 이제 과거의 야만스런 무리들이 아니었다. 아틸라는 그들의 많은 전통적인 관습을 바꾸어 놓았다. 이제 그들은 아틸라가 그들을 이렇게 단결시키는 데 40여 년이나 걸려서 만든 규율이 제대로 선 군대였다.

야간 회의에 그의 현장 지휘관들을 불러 모은 아틸라는 이번 포위 작전에 대한 대가를 넉넉히 줄 것이라고 말했다. 그들은 다음 날 아침 아퀼레이아를 우회할 것이라고 말했다. 날이 밝으면 부족들을 깨워 행군을 준비하라고 지시했다.

다음 날, 그가 다음에 정복하려고 했던 도시를 마지막으로 살펴보았다. 이때 아틸라는 어미 황새가 앞에 어린 새끼를 앞세우면서 아퀼레이아 성을 떠나가는 것을 목격했다. 그것은 운명과 사태의 향방을 바꿀 징조였던 것이다.

아틸라는 동물들이 인간보다 먼저 상황을 감지할 수 있는 능력이 있다고 말하며 이러한 영험한 징조[2]가 현실이 될 수 있다고 독려하면서, 자신의 군대에 각자 자신의 능력을 넘어서는 힘을 발휘하도록 명령했다. 아퀼레이아를 우회하는 대신 공격하기로 한 것이다.

새롭게 단련된 흉노족 무리들은 투석기와 높은 사다리를 갖추고 능수능란하게 공격을 감행했다. 그 도시는 과거의 수차례 침략을 격퇴시켜 본 경험이 있음에도 불구하고 금방 함락되었다. 정말 신속한 승리였다. 아퀼레이아는 불길에 휩싸였고, 아

---

[2] 새들이 새끼들을 태우고 아퀼레이아에서 날아오는 것을 보고, 그것을 동물들이 먼저 패배의 기운을 감지하고 도망가는 것으로 해석하고, 우회하기로 결정한 것을 번복하고 공격하게 한 것이다.

틸라의 마차에는 이미 넘쳐 있던 보물에 막대한 양의 보물이 더해졌다.

인내와 행동할 정확한 순간을 감지하는 능력을 통해 아틸라는 성공할 수 있었던 것이다.

아틸라, 결정력의 본질을 말하다

우리의 노련해진 부족장들은 언제쯤 행동으로 옮기는 것이 좋은지, 언제가 행동보다는 한 번 더 깊이 생각해 보는 것이 좋은 시기인지에 대해 잘 알게 될 만큼 충분한 경험을 쌓았다.

반면에, 우리의 젊고 야심 찬 흉노의 젊은이들은 자신의 솜씨를 보여 주려고 안간힘을 쓰다가 종종 자신들, 그리고 자기 부족, 그리고 어쩌면 국가에 손실이 되는 행동을 저지르는 경우가 있을 것이다.

그런 경솔함은 리더로 임명된 사람들로서는 받아들이기 어렵다. 모든 부족장은 무엇을 해야 할지에 대한 것뿐만 아니라, 언제 해야 할지에 대해서 아는 사람만이 승리를 쟁취한다는 것을 알아야 한다.

흉노의 젊은이들은 활, 창, 포승줄, 그리고 기마술에 정통하기 위해서 여러 기술들을 배운다. 그들은 전쟁터에서 신속히 행동해야 이점이 있다는 것도 배운다. 그들은 이러한 능력을 올바르게 발휘하는 방법도 배운다.

우리는 그들의 멘토로서 그들에게 솔선수범하고, 팔로워와 리더를 구별할 줄 아는 도덕적 용기와 힘을 기르노록 가르쳐야 힌다. 그러나 리더는 불쑥불쑥 튀어나오는 의심스런 결과와 확실한 임무 수행 사이에서 결정을 내려야 할 때, 그들에게 무엇이 핵심인지에 대해서 잘 가르쳐 주어야 한다.

이 핵심적인 것들 중의 하나가 바로 결단력이다. 자, 이제 결단력을 어떻게 키워야 할지에 관한 조언을 여러 부족장들에게 주려고 한다.

★ 제대로 임무를 수행하겠다는 결심은 신중한 결정을 하는 데 가장 기본이 되는 덕목이다. 책임 있는 결정은 번복하기가 어려운 법이다.

★ 자신이 문제를 제대로 이해하지 못했을 때는 절대로 결정을 내리지 않는 부족장이 현명한 부족장이다. 의사 결정을 함에 있어서는 신중함이 용기를 앞서야 한다.

★ 부족장은 부하들에게 그들의 책임과 수준에 맞는 결정을 내릴 수 있는 권한을 부여해야 한다. 자신의 지휘권을 잃을지도 모른다는 두려움으로 모든 결정을 미루고 있는 부족장은 나약한 부족장이다.

★ 부족장은 결정을 내려야 할 의무가 있는 사람으로서 결정을 미처 내리지 못한 이유로 수어진 상황을 핑계 삼아서는 안 된다. 우유부단함은 크든 작든 직책에 맞는 책임을 인정하지 않는 데서 생긴다.

★ 모든 의사결정에 대한 책임을 받아들이지 못하거나, 자신의 잘못된 결정에 대해 다른 사람들을 비난하는 부족장은 약하고 본질적으로 내재된 리더십의 자질이 부족한 것이다.

★ 완벽한 결정은 거의 없다. 최선의 결정은 대개 논리적인 대안들 중에서 더 신중한 경향이 있기는 하다. 그러나 여러분이 자신의 결정에 대한 지지를 얻는 데 있어서 지나칠 정도로 설득을 해야 한다면, 그것은 보통 나쁜 결정이라는 징조이다.

★ 여러분이 결정을 한 결과가 너무 암울해서 견딜 수 없을 때는 다른 대안을 찾아라. 어렵게 내린 결정이 일부 사람들에게 피할 수 없거나, 잠시 혹은 오래 지속되는 부정적인 결과를 낳는 경우, 얻을 수 있는 것은 동정심뿐이다.

★ 언제 결정을 내려야 하는지에 대해 아는 것의 중요함 바로 옆에는 언제 결정을 내리지 말아야 할지에 대해서도 알게 하는 통찰력이 자리 잡고 있다. 참을성 없는 부족장은 종종 조급한 행동을 만들어 낸다.

★ 아마도 의사결정의 가장 중요한 요소는 적시성일 것이다. 충분히 논의가 되었다면, 신속하게 결정해야 한다. 이는 결단력의 중요한 원칙이다.

★ 현명한 부족장들은 대안을 선택함에 있어서, 결정으로 인한 위험과 그에 따른 비용보다 이익이 더 많은 대안을 찾는다. 이 때 청렴한 부족장은 공익을 위한 결정을 선택한다.

★ 부족장들은 이미 내려진 결정을 더 좋게 만들 수 있는 시간과 기회가 있을 때, 급하게 결론을 내리지 않도록 주의를 기울여야 한다.

★ 현명한 부족장은 모든 것이 명확하지 않은 상황에서도 올바른 결정을 내리기 위해 핵심이 되는 사항을 찾아내는 능력이 있다. 여기에서의 핵심은 모호한 곳에서 핵심이 되는 사항들을 찾고, 인식하는 능력을 배우라는 것이다.

★ 회의론적인 접근 방법은 조급한 결정을 지연시킬 수 있다는 점에서 가치가 있다. 부족장이 마음의 결정을 내리지 못할 때, 문제점에 대해서 다시 생각해 볼 가치가 있다.

★ 부족장은 부하들 스스로가 결정하기 원하는 결정에 대해서는 위임할 수 있어야 한다. 반대로, 부하들이 내려야 할 결정까지 자신이 하고자 하는 부족장은 젊은 사람들이 자신들의 판단을 연습하고 그 결정의 결과에 책임을 지는 것을 배우고 성장할 수 있는 가능성을 감소시킨다.

★ 쉬운 임무만 있을 경우, 부족장이 의사결정의 주도권을 가지고 있다는 것을 충분히 입증하지 못한다. 따라서 어렵고 위험도가 높은 임무에 직면할 때도 반드시 입증해 줘야 한다. 부족장이 나약하다는 확실한 증거는 그가 실패할지도 모른다는 두려움 때문에 행동하기를 주저하는 것에서 나타난다.

★ 의심과 지연은 종종 능력이 부족한 자가 부족장이 되었을 때 나타나는 징후이다. 달리 말하자면, 우리는 종종 많은 부족장들이 너무 지혜롭지 못한 결정을 내리는 불행한 상황에 처할 때도 있다.

★ 부족장은 훙노 사람들을 희생시키면서까지 자기 스스로에게 유리한 결정을 하는 것을 피해야 한다. 모든 결정은 훙노 사람들, 부족, 그리고 국가 전체의 상황을 개선할 수 있는 기회를 만드는 방향으로 해야 한다.

★ 부족장은 시간이 지남에 따라 어떤 사안은 결정하는 데 필요한 지혜도 바뀔 수 있음을 이해하게 될 것이다. 그러므로 여러분이 이미 내린 결정을 통해 배우면서 미래의 결정을 더 잘하기 위해 모든 노력을 기울여야 한다.

★ 자신의 결정을 지키는 것은 다른 사람의 결정을 비판하는 것보다 훨씬 더 어렵다.

★ 역설적으로 보일지 모르지만, 때로는 해결해야 할 문제와

관련된 여러 사실들 때문에 생기는 감정들을 완전히 배제했을 때 가장 좋은 결정이 만들어지기도 한다.

★ 대개의 경우, 부족장들은 자신들이 내린 결정에 대해 보람을 느낀다. 반대로 흉노 사람들도 부족장을 따름에 있어 얼마나 그 결정을 잘 지지하고 잘 이행하는지에 대해 보람을 느낀다.

★ 자신감은 결단을 내리는 데 매우 중요한 요소이다. 왜냐하면 부족장이 어려운 상황에서 자신감이 없으면 자신을 따르는 자들을 잃게 되기 때문이다.

★ 결국 비전, 추진력, 열정, 제대로 된 수단 활용 능력, 그리고 모든 노력을 기울일 만한 가치가 있는 일에 헌신하고자 하는 자세 등은 뛰어난 부족장들의 특징이다.

부족장들은 과감하게 결단하는 능력을 기르는 데 있어 더 많은 노력과 진정성을 보여 주어야 한다. 본능적인 상황 판단 능력 혹은 언제 행동할 때가 적절한지를 아는 능력은 성공의 기회를 높여 줄 것이다. 리더들이 해야 할 일 중에서 결단하는 일은 무거운 짐이기도 하다. 종종 그것은 승리를 의미하기도, 패배를 의미하기도 하기 때문이다. 우리는 주저해서도 안 되겠지만, 불리하게 만들 수 있는 결정을 성급하게 내려서도 안 된다.

11
말은
말고삐를 잡은 자에게 끌려간다

    타고 있던 말에서 내릴 때나 사나운 말에 올라타려는 사람에게는 말의 고삐를 잡아 주는 사람이 필요한 것처럼, 아틸라는 자신이 짊어져야 할 모든 책임을 다하기 위해서 직접적으로 해당 책무를 가진 휘하 부족장들의 도움을 받아야 했다.

    여러 부족을 통일하려고 노력하던 초기에, 아틸라는 쉽게 동맹을 맺을 수 있는 부족장들부터 하나씩 하나씩 충성 다짐을 받아 나갔다. 그렇게 함으로써 나중에는 더 강력한 부족장과 동맹 관계를 맺으려 했을 때, 그는 이미 강력한 힘의 우위를 점할 수 있게 되었다.

    아틸라가 비록 왕이라고 할지라도 혼자서 나라와 부족, 그리고 부족장들의 모든 행동을 감독할 수는 없는 노릇이었다. 그는 책임을 위임하고 신뢰할 수 있는 부족장들의 거짓 없는 충성심을 요구했다.

흉노족은 작은 대가에도 매수당하거나, 단기간의 약탈을 하거나, 때에 따라서는 일시적인 평화를 누리기도 하고, 자신들의 군대를 어떤 특별한 이유도 없이 다른 민족에게 팔아 버리기도 하는 등 오랫동안 독립적으로 떠돌아다닌 개별 부족들이었다.

부족장들과 그들의 부족 사람들은 아틸라가 로마 궁정에서 인질로 어린 시절을 보내느라 그들과 같이 지낸 지가 얼마 되지 않았다는 이유로 아틸라에 대한 존중하는 마음이 거의 없었다.

거미가 먹이를 기다리듯이 끈기 있게 기다리면서, 아틸라는 충성심이 충분하고 국가 통일의 책임을 지울 수 있을 만한 부족장들을 얻기 위해 많은 시간을 투자했다. 흉노족 사람들이 또다시 다른 부족이나 외부의 이방 민족에게 그들의 운명을 던져 버리는 위험을 최소화하기 위해서 아틸라는 그렇게 할 수 밖에 없었다.

위임에 대한 위험 부담은 컸었다. 그러나 아틸라가 그런 위험을 받아들이지 않았더라면, 그는 왕실이 직접 이끌던 부족만 다스리는 운명에 머물렀을 뿐, 전체 부족들을 강력한 국가로 통합하려는 야망을 이루지는 못했을 것이다.

아틸라, 위임의 기술에 대해 말하다

우리 훈노의 리더십이 한 사람에게만 집중된다면 세계의 지배적 세력으로 군림할 수 없을 것이다. 여러분들이 스스로 뭔가를 이루려고 하지 않는 한, 나 아틸라도 그것을 만들어 줄 수는 없다. 여러분은 내가 여러분들에게 위임하기로 한 책임을 기꺼이 받아들여야 한다. 동시에, 여러분에게 위임된 책임 또한 너무나 큰 것이어서 혼자서는 성취할 수 없을 것이다. 여러분도 예하 리더들을 믿고 그들에게 직무에 맞는 책임을 위임해야 할 것이다.

우리 훈노는 나, 아틸라에게도 모든 것을 지휘하고 이끌기에는 너무나 거대하고 복잡한 민족이다. 나로서는 부족장으로서 해야 할 중요한 임무를 여러분 부족장들에게 위임해야 한다. 나 또한 그렇게 하지 않는다면, 우리는 작은 유목민 무리처럼 떠돌아다니는 신세를 면하지 못할 것이다.

이렇게 모인 것은 여러분들이 부족장으로서 성공하는 데 필요한 핵심적인 사항인 위임에 관한 리더십 원칙을 여러분들에게 조언하기 위해서이다.

판단력, 경험, 그리고 현재의 직무가 위임의 절차를 좌우하는 요소이다. 나 아틸라도 각각 위임되는 모든 임무에 적용되는 구체적인 조언까지 제공해 줄 수는 없다. 그렇지만 여러분들에게 위임에 대한 행동과 기술에 관한 일반적이면서도 유용한 조언은 제공해 줄 수 있다.

이러한 교훈들을 제대로 배우지 않는다면, 여러분의 책임이 너무 커져서 부여된 책임을 다하지 못하게 될 것이다.

- ★ 부족장은 자신이 직접 관리해야 할 책임까지 위임해서는 안 된다.
- ★ 부족장이 가지고는 있으나 직접 처리할 필요가 없는 임무는 그 임무를 가장 잘 수행할 수 있는 사람에게 적절히 위임되어야 한다.
- ★ 현명한 부족장은 임무를 위임할 때, 권한도 책임과 함께 부여한다.
- ★ 현명한 부족장은 위임된 임무에 대해서는 항상 위임받은 자에게 책임을 묻는다.
- ★ 훌륭한 부족장들은 모든 임무, 심지어 부하들에게 위임한 임무에 대한 모든 책임도 기꺼이 받아들인다.
- ★ 부족장은 일단 위임한 책임에 대해 절대로 간섭하지 말아야 한다. 그렇게 하지 않으면, 그 부하들이 그 임무가 진정으로 자신들의 것이 아니라고 생각하게 된다. 그런 얄팍한 위임은 부하들의 마음에 분노만 불러일으킨다.
- ★ 위임받은 일을 함에 있어 부하들이 도움을 요청할 때, 부족장은 정성껏 도와주어야 한다. 그렇게 하지 않으면, 부하들

은 아직 임무를 완수하는 데 필요한 자질이 부족해서 실패할 수도 있다.

★ 부족장이 그 모든 임무를 혼자서는 다 할 수 없다는 사실을 깨달아야 한다. 그 이치를 깨닫지 못하면 사실상 부족장이 할 수 있는 것은 거의 없거나, 혹은 전혀 없다는 것을 이해해야 한다.

★ 유능한 부족장은 자신의 임무를 완수하고, 부하들의 기술을 발전시키고, 부하들에 대한 충성심과 신뢰를 보여 주기 위해 심지어 경험과 능력이 미숙한 부하들에게도 중요한 임무를 위임할 것이다.

★ 부족장은 임무를 위임해도 좋다고 생각할 만한 부하를 자신의 주변에 많이 두어야 한다. 그렇지 않으면, 부족장은 자신이 해야 할 임무와 부하들이 해야 할 임무, 양쪽의 임무를 모두 떠맡게 될 것이다.

★ 부족장은 부하가 위임된 책임을 수행하기 위해 최선을 다했다면, 부하를 절대로 처벌해서는 안 된다.

★ 부족장들은 부하들이 위임된 임무를 수행하기 위해 창의력을 활용하도록 장려해야 한다.

★ 부족장이 위임한 임무를 수행하는 방법을 너무 구체적으로 지시하면, 부하들은 결코 그들의 능력을 키우지 못한다.

★ 현명한 부족장은 권한과 책임을 위임함으로써 훙노족 전

체에 발휘할 수 있는 자신의 영향력과 능력을 확장시킬 수 있다.

이 문제에 대한 더 많은 조언이 지금 당장은 떠오르지 않는다. 이쯤에서 그치는 것이 최선일 것이다. 왜냐하면 내가 이야기를 다 해 버리게 되면 여러분들의 사기가 떨어질 것이 우려되며, 이런 식으로 여러분들을 방해하지 않기를 바라기 때문이기도 하다.

12
전리품, 부하를 위해 베풀어라

흉노는 오랜 기간 동안 유목민 생활을 할 수밖에 없었으며, 마차에 보관했던 전리품에 의존해 생존해 왔다. 흉노 사람들이 용감한 전사처럼 보인 행동들은 생존에 필요한 전리품을 얻기 위한 것이었고, 따라서 승리의 영광과 함께 얻어지는 전리품에 고무되지 않을 수 없었다.

승리의 전리품은 많은 부족들에게 생존에 반드시 필요한 바탕이 되었다. 그들 자신도 정복한 땅에서 살다가도, 다른 부족들을 정복하여 얻는 전리품으로 사치스런 생활을 즐기는 또 다른 무리들에 의해 밀려나기도 하였다.

종종, 그들의 승리로 인한 영광과 약탈에 대한 욕망은 그들의 신(神)과 영웅들을 잊어버리게 만들고, 흉노의 목표에 대한 그들의 생각을 흐리기도 하였다. 흉노 사람들에게 약탈이라는 것은 단순히 전투 후에 이루어지는 관행의 일부였다.

흉노 사람들은 노예를 차지하기보다는, 불확실하다고 하더라도 약탈할 수 있는 기회에 먼저 이끌렸다. 전쟁은 그들의 생존 방법이었다. 그들의 유목 생활은 그들의 물자 창고였던 마차가 텅 비게 되면, 약탈을 통해 얻은 전리품으로 주기적인 보충을 필요로 했다.

아틸라는 이러한 관습들을 이해했다. 그는 흉노 사람들이 내적 욕망이 이끄는 매우 강한 욕구에 의해 움직인다는 것을 알고 있었다. 단순히 전쟁을 통해서 얻는 전리품을 확보하기 위해서, 흉노 사람들은 종종 다른 나라를 위한 용병이 되기도 하였고, 심지어 다른 흉노 부족들을 공격하는 전투에 동원되기도 하였다.

아틸라의 역할은 이런 흉노 사람들의 엄청난 잠재력을 현실화하는 것이었다. 그는 전투 후에 획득된 전리품을 나누는 방법을 규율로 정함으로써 흉노족 사람들의 잠재력을 단기간에 최대한 끌어올리기로 하였다.

아틸라, 전리품을 나누는 원칙에 대해서 말하다

전리품은 우리 전사의 영혼에 불을 붙이는 강력한 힘이다. 그들에게 전리품으로 금전적 보상을 주면 어떤 부족에도 자신들의 재능을 팔아먹을 정도이다.

 나 아틸라는 너희 부족들의 지도자로서 그리고 흉노의 왕으로서, 전쟁 중이건, 전투 중이 아니건 전체 흉노 부족을 위해서 기꺼이 희생하는 흉노 사람들에 대해서 더 엄격한 보상 분배 체계를 수립할 것이다.

 우리 흉노 사람들은 전리품이라는 것을 전투에 참여한 몫으로 받게 되는 단기간에 얻을 수 있는 일시적인 수입으로 여기곤 한다.

 우리는 전사들에게 계속해서 약탈의 권리를 부여해야 할 것이며, 동시에 우리는 전쟁이 아니더라도 보상에 대해서 보증하고 제공해야 한다.

 우리 문명이 이러한 야만적인 풍습을 넘어서기 위해서는 우리 무리들 사이에 군림하려는 절제되지 않은 욕망을 통제하는 것이 반드시 필요하다.

 이 목적을 달성하기 위해, 나 아틸라는 흉노 사람들에게 다음과 같이 보상에 대한 지침을 내린다.

- ★ 기대보다 일을 제대로 해내지 못한 흉노 사람에게는 보상해 주지 말아야 한다. 그렇게 하지 않으면, 보상받아 마땅한 행동에 대해 보상하는 당신의 진정성을 의심하고, 더 나

쁜 것은 여러분이 받아들일 수 없는 행동을 하고서도 보상을 기대하는 것이다.

★ 제대로 임무를 완수했다고 해서 모든 것을 보상해서는 안 된다. 그렇게 하지 않으면, 부족장이 자리에 없거나, 부족장에게 인정받지 못할 때는 아무 일도 하지 않을 것이다.

★ 적은 성과에 대해서는 작은 보상을 하는 것이 당연하다. 위험하고 용기가 필요하며 많은 노력과 가치 있는 성취에 대한 보상을 위해 전리품을 남겨 놓아라.

★ 아주 단순하게 뭔가를 잘한 훙노 사람은 그냥 칭찬만 하라. 그들의 인정에 대한 욕구는 그들이 가진 야망의 크기와 비슷한 경향이 있다. 위험을 무릅쓰려 하지 않는 자들은 무사안일이나 꾀할 뿐이다. 따라서 그런 자들에게는 가치가 있는 큰 일을 하지 않는 한, 큰 전리품을 얻지 못할 것이라는 확신을 심어 주어야 한다.

★ 훙노 사람들은 진심 어린 관심을 주고 의도적으로라도 같이 어울려 주면, 그들의 사기와 용기는 올라갈 것이다.

★ 너희 훙노 사람들에게 전투에서의 전리품은 일한 것에 대한 급여에 지나지 않음을 가르쳐라. 많은 전리품, 대열에서의 승진, 그리고 막강한 전사로 인정받는 것은 일반적인 임무의 소명을 넘어선 사람들을 위한 것이다.

★ 훙노 사람들에게 가족의 복지와 생필품 비축량의 상태에

대한 여러분의 관심을 표현하라. 여러분이 가진 재산을 충성심이 있으면서도 궁핍하게 사는 부하들과 나누어라. 만약 그렇게 한다면, 그들은 기꺼이 당신을 따라 지옥까지라도 따라갈 것이다.

★ 자기 스스로에게 보상하는 것보다 흉노 사람 전체에 대한 보상에 더 신경 쓰라. 그러면 여러분이 가지고 있었던 큰 희망과 꿈을 능가할 정도로 자신에 대한 보상이 주어질 것이다.

★ 개인을 위한 일이긴 하지만, 흉노 사람들에게는 아무런 가치도 없는 일을 한 사람에게는 보상을 주지 말라.

★ 당신이 귀담아듣지도 않고 정당한 보상을 해 주지도 못한 흉노 사람들이 로마 제국이나 다른 적들에게 지지와 충성심을 보낼 수 있음을 과소평가해서는 안 된다.

★ 작지만 감사의 뜻을 표현하는 데 인색해서는 안 된다. 되돌아오는 충성심과 희생은 배가될 것이다.

보상을 어떻게 하는 것이 적절한지에 대해서 일일이 다 조언을 해 줄 수는 없다. 부족장들은 위에서 언급한 원칙에 입각하여 스스로의 판단에 따라 흉노 사람들의 충성을 잘 녹여 낼 수 있는 체계적인 보상 체계로 발전시켜야 한다.

13
협상에도 기술이 필요하다

서기 452년, 부족한 식량, 오염된 물의 공급, 극심한 열, 질병, 그리고 무기력함 등이 복합적으로 퍼져서 흉노 부족 사람들의 사기가 심각하게 손상되었다. 아틸라의 부대는 이탈리아 전역(戰域)에서 비록 예상외의 성공을 거두었지만 흉노족의 인내심은 점점 약해지고 있었다.

로마 궁정의 발렌티니아누스[1]는 인지도가 떨어진 아에티우스의 조언을 무시했다. 장군들과 원로원 의원들에게 자문을 구한 후, 발렌티니아누스는 로마 군대가 새로 재편된 아틸라의 군대와는 싸워서 이길 수 없다고 판단했다. 평화를 위한 협상이 로마

---

1 발렌티니아누스 3세 : 로마 제국의 황제(재위 425~455).

의 생존을 위한 유일한 희망처럼 보였다. 하지만 발렌티니아누스는 강력한 아틸라와 협상하도록 누구를 보낼 수 있을지가 고민이었다. 아틸라가 평화에 대한 청원을 받아들일 만큼 존경한 사람은 누구일까?

당시 기독교계에서는 교황 레오 1세(Pope Leo Ⅰ)가 많은 존경을 받고 있었다. 그는 웅변가이면서 교양이 충만한 사제였으며, 예전에도 발렌티니아누스가 어려운 상황에 있을 때 그의 자문을 받기도 했다.

아틸라의 군대는 만투아(Mantua)에서 주둔하고 있었다. 머지않아 로마는 곧 화염에 휩싸일 것이고, 창고들은 텅 비게 될 것이며, 국고는 흉노 무리들에 의해 곧 약탈당할 상황이었다. 급하게 조치를 취해야 할 상황이었다.

발렌티니아누스는 늙어 가는 교황에게 신부(神父)들과 그들의 수행원들을 모아 줄 것과 아틸라의 진영으로 가서 평화와 제국의 마지막 거점인 로마의 구원을 위해 협상해 줄 것을 요구했다.

아에티우스는 이런 방법을 쓴다는 것이 어이없어 보였다. 그는 로마 제국이 그들을 저지하기만 할 수 있다면, 아틸라의 군대가 샬론에서처럼 무너지게 할 수 있을 것이라고 믿고 있었다. 그러나 아에티우스와는 논의하지도 않았고, 발렌티니아누스의 계획은 실행에 옮겨졌다.

임박한 전투를 앞두고 반대편에 있던 아틸라는 망설였다. 그는 사실 로마인에 또 패배를 당하는 것 아닌가 하고 두려워하고 있었다. 그러나 그가 어렸을 때 로마에서 겪었던 굴욕으로 인해 분노가 치밀어 올랐다. 과거 경멸했던 도시인 로마의 궁전, 개선문, 교회들을 언젠가는 파괴해 버릴 것이라고 그는 어린 시절 조용히 마음속으로 맹세했던 것이다.

정찰병이 아틸라의 진영으로 돌아와 로마군의 진격 소식을 전했다. 이제 잘 훈련된 흉노의 군대는 일사불란하게 준비를 했다. 로마 군단과의 마지막 일전을 위한 행군이 시작되었다.

흉노의 군대가 움직인 직후, 정찰병은 다시 돌아왔다. 정찰병은 당황한 표정으로 아틸라에게 그들은 로마 제국의 군단이 아니라 성직자와 수도자들의 행렬이라고 보고했다. 하얀 턱수염을 기른 한 노인이 하얀 말을 타고 행렬을 이끌고 있었다.

아틸라는 일단 그 행렬을 멈추라고 말하고는 용감한 검은 군마(軍馬) 빌람을 선두로 몇 명의 전사들을 데리고 앞으로 나아가 이 예상치 못한 사절단에게 왜 왔냐고 물었다.

아틸라는 전사들을 강둑에 멈추게 하고서, 그 낯선 이에게 이름이 뭐냐고 물었다. 그는 "레오(Leo)"라고 대답했다.

이 특이한 로마 궁정의 사절단을 만나기 위해 강을 건너 개울까지 따라간 사람은 다름 아닌 아틸라였다.

저 멀리 강둑에서 아틸라와 교황은 결코 내용이 밝혀지지 않은 회담을 가졌다. 역사나 전설이 어떤 이유를 붙여 주었든 간에,

로마의 운명을 구해 낸 비밀 회담인 것은 분명했다.

잠시 후, 아틸라는 그의 막강한 군대로 돌아가서는 행군 방향을 북쪽으로 바꾼 다음 다뉴브강 유역에 있는 그들의 고향으로 되돌아갔다.

아틸라, 협상의 기술을 말하다

협상 기술은 쉽게 가르칠 수 있는 것이 아니다. 협상에서 유용한 기술을 배우는 것은 흉노 사람들과 부족장 모두를 위한 것이다. 이 기술들은 오로지 경험으로 얻은 이해를 통해서만 완전히 터득되는 것이다.

로마를 약탈하고 싶어 하는 나의 부족장들과 전사들에게 승리가 확실해 보였던 그 당시, 나의 협상은 그들에게 매우 의아스러운 일이었을 것이다. 그러나 잠시 휴식을 취하는 것이 우리에게는 더 유리한 것이라고 생각했다.

협상 방식에 대한 여러분의 순진한 생각으로는 교황과 나의 행동, 그리고 그에 따른 이탈리아에서의 우리 군대가 철수한 이유를 이해할 수 없을 것이다.

이 때문에 나 아틸라는 여러분을 이 장소로 모아서, 여러분의 흉노 사람들과 부족, 그리고 아마도 우리나라를 위해 협상해야 할 상황에서 어떻게 행동해야 할지를 깨우쳐 주고자 한다.

이제 나는 여러분 모두에게 조언을 주고자 한다. 나의 조언이 여러분의 지혜에 도움이 되고, 리더가 중요한 협상 과정에서 갖추어야 할 전문 지식을 더하는 데 도움이 되기를 바란다.

★ 모든 협상에서 항상 외교적 주도권을 유지하라. 늘 선수(先手)를 처라. 절대로 적과의 접촉이 끊어지게 하지 마라. 그렇게 하는 것은 적들을 불리한 위치에 놓이게 할 것이고, 당신을 유리한 위치에 놓이게 할 것이다.

★ 항상 가장 낮은 수준에서부터 협상하라. 이것은 작은 것들이 점점 커져 협상을 불가능하게 만들기 전에 미리 해결하는 역할을 할 것이다.

★ 협상을 운에 맡기지 마라. 적의 장점과 단점에 대해서 미리 알고 모든 회담에 참석하라. 적들의 비밀을 알게 되면 더 강해지고, 그들을 더 잘 속이게 됨으로써 궁극적인 목표를 달성할 수 있을 것이다.

★ 협상 내용은 비밀을 유지하라! 내가 교황 레오에게 했던 것처럼, 협상은 개인적으로 비밀리에 수행되어야 한다. 기본적인 정책만 대중들에게 공개되어야 한다. 그들이 어떻게 협상했는지는 비밀에 부쳐져야 하며 체면을 손상시키지 말아야 한다.

★ 협상할 때는 시간이 여러분의 동맹군과 같은 역할을 한다. 그것은 기질을 진정시키고 덜 덤벙대게 만든다. 성급하게 협상하지 마라.
★ 중재하는 것에 기대하지 마라. 중재라는 것은 제3자가 당신의 운명을 결정하도록 허락하는 것이다. 그것은 약자를 위한 피난처일 뿐이다.
★ 당면한 사소한 문제 때문에 큰 이익을 희생해 가면서까지 협상을 어렵게 만들지 마라. 사소한 문제에 대해 양보를 해 주면, 협상하는 상대의 태도가 부드러워질 것이다.
★ 협상에서는 잘 알고 있는 위험은 감수할 수도 있다. 모든 가능성을 예측해 보고 가장 유리한 결과를 만들어 낼 수 있는 방안으로 결정할 수 있도록 노력하라.
★ 적진(敵陣)의 분위기를 잘 살펴라. 협상 중에 발생하는 문제와 혼란을 적절하게 활용할 줄 알아야 한다.
★ 절대로 자신이 능력 있다고 과대평가하지 마라. 당신은 단지 협상력이 약한 적과 상대하고 있을 수도 있다. 이는 우연히 일어날 수 있는 상황일 뿐, 매번 이런 상황이 연출되지는 않을 것이다.
★ 절대로 위협하고 협박해서는 안 된다.
★ 협상할 때 한 약속은 모두 그대로 지켜라. 그렇게 해야 적들도 여러분의 약속을 지킬 것이다.

★ 원칙에 대해서 합의했다고 해서 이것이 곧 실무적 합의를 말하는 것이 아니라는 점을 기억하라. 그러나 원칙적 합의는 여러분의 체면을 세워 주는 역할은 할 것이다.
★ 피할 수 없는 일에는 과감히 맞서야 한다. 저항이 무의미하거나 너무 비싼 대가를 치러야만 성공할 것 같은 경우는 양보하라. 이 말에 동의하지 않을 수도 있지만, 모든 훈노 사람들을 위해서 그렇게 하는 것이 이익이라면 그렇게 해야 하는 것이 당신의 의무이다.
★ 시기를 잘 맞추어야 한다. 협상을 하는 중에는 적의 상황에 아주 적합한 매력적인 대안을 제시해야 한다. 그렇게 하지 않으면, 그는 당신의 제안을 거절할 것이다.

이제, 막강한 부족장 여러분은 끝으로 다음과 같은 간단한 사실 하나를 이해해야만 한다.

피를 흘리지 않고 협상을 통해 얻을 수 있는 것을 전쟁을 통해 얻는 것은 결코 현명한 일이 아니다. 전투를 치르지 않고서는 얻을 수 없는 대의를 위해 전사들의 잠재적 손실을 막아야 하는 것이다.

이러한 생각들로 나는 협상의 기술에 관한 이번 모임을 끝내고자 한다. 우리 앞에 놓인 모든 다른 나라들을 정복해야 하는 우리의 숙명적 과업을 완수함에 있어, 여러분이 항상 우리 훈노의 번영을 위해 협상을 제대로 할 수 있도록 오늘 이 시간을 항상 명심하기 바란다.

14
살아남은 패배는 훗날을 기약할 수 있다

비록 주기적인 고난, 투쟁, 기만, 도전 등이 다른 리더들에게도 익숙하지는 않겠지만, 특히 아틸라는 전쟁터에서 패배하는 것에 대해 준비가 되어 있지 않았고 익숙하지도 않았다.

아틸라의 강력한 군단을 갈기갈기 찢고 퇴각하게 만든 사람은 바로 샬론 전투에서 로마 군단을 매우 능숙하게 이끌었던 그의 평생의 적 아에티우스였다.

아틸라의 의지가 꺾인 것이다! 운명에 대한 자신감마저 그를 버렸다! 그는 잠시 혼란스러워하는 무리들이 안전한 지역으로 이동할 때까지 뒤따르는 혼란과 아우성, 통곡은 무시한 채 시선을 내부로 돌렸다.

아틸라는 그날의 실수를 생각하면서 자신의 진영을 돌아다녔다. 그가 통치하는 기간 중에서 사기가 꺾이고, 가장 어두웠던 순간이 바로 이때였다.

그는 대의명분을 잃어버린 희생자가 되고 마는 것일까? 이제 더 이상 그가 세상의 주인이 아닌 것일까?

아틸라는 큰 실망과 함께 내면의 혼란을 겪으면서, 다른 모든 책임감 있는 리더들이 그랬듯이 자신이 처한 상황에 의해 고통받고 있었다.

그러나 아틸라는 끈질긴 집념과 결단력, 남다른 의지라는 내적 강점을 바탕으로 정서적 체력을 다지고 자제력을 되찾을 수 있게 되었다.

자신의 야망을 버릴 수 없었던 그는 군대를 재편성했고, 흉노 전체에 새로운 관습을 도입했다. 흉노족이 다시 일어섰다! 이전과는 전혀 다른 날이 밝아 온 것이다!

아틸라, 다른 날을 기약하다

흉노의 왕 아틸라, 나는 여러분들을 격려하기 위해서 이렇게 부족장들과 강인한 전사들을 불러 모았다. 여러분의 정서적 체력에 불을 지펴서 실망을 이겨 내고 절망하지 않도록 하는 것이 나의 목표다.

아에티우스가 나에게 안긴 큰 패배는 내게 너무나 큰 슬픈 경험이었다. 비록 나는 지휘의 외로움, 내가 믿었던 사람들에 의한 배신, 그리고 온갖 고난의 순간들에 익숙했었지만, 카탈루니아 평원에서의 나 아틸라는 아주 엄청난 패배의 고뇌와 그로 인한 충격을 받아들일 준비가 되어 있지 않았었다.

하지만 나 아틸라에게는 여러분 부족장들과 미래의 부족장들이 절망과 좌절에 대처할 수 있도록 준비시켜야 하는 왕으로서의 의무가 있다고 생각한다.

샬론 전투가 끝난 후, 이 자리에서 나의 정신적 고통과 새로운 결심을 설명한다고 해서 여러분들이 잘 이해할 수 있을지는 모를 일이다.

내가 경험한 패배는 나 혼자만 온전히 실감할 수밖에 없었다. 그래서 나는 이번 경험을 바탕으로 여러분들의 미래에 대한 도전에 도움이 될 수 있는 구체적인 조언을 제공하고자 한다.

그러므로 패배에 대처하기 위한 이러한 원칙들을 여러분들은 널리 알려 패배를 극복하는 데 도움이 되도록 하라.

★ 어떤 부족장도 모든 전투에서 이길 수는 없다. 그 원인이 부족의 리더십에 있든 전쟁터에 있든 아니든, 또한 당면한 문제가 얼마나 크든 작든, 그리고 아무리 이길 준비가 되었다 하더라도 이와는 상관없이 패배할 수 있다.

★ 전쟁터에서나 협상을 할 때 패배가 임박했음을 깨닫게 되면, 그것을 부인하려고 하지 마라. 상황을 직시하고 즉각적인 조치를 함으로써 적의 이익을 최소화하는 한편, 자신은 대의명분이라는 본질로 돌아가라.

★ 전투를 계속하거나 당면한 문제로 인해 더 큰 손실이 나거나, 가진 것을 완전히 잃을 것 같은 경우에는 물러나는 것도 가치 있는 일이다. 다른 날을 기약하기 위해서 가능한 모든 전사와 자원들을 보전해야 한다.

★ 순간적인 자존감, 자신감, 결단력의 상실은 개인적 상실감과 함께 오는 정상적인 감정이다. 당신이 이 비참한 상황을 제대로 헤쳐 나갔을 때, 비로소 훈노 사람들의 정신적 우울함을 없앨 수 있다는 것을 배워야 한다. 필요하다면 슬퍼하되, 그 나쁜 순간들이 여러분의 감정을 영원히 지배하지 않도록 너무 오래도록 빠져 있지 마라.

★ 현명한 부족장이라면 자신의 부하들이 아직 실망스런 상황을 효과적으로 대처할 준비가 되어 있지 않다면, 그들이 패배할 수도 있는 상황에 맞닥뜨리지 않도록 할 것이다.

★ 전투 및 협상은 모든 가능성을 검토한 후에 시작하는 것이 현명하다. 그런 것들은 마음속으로 다시 한 번 되새겨 보아야 한다. 당신의 행동으로 인해 발생할 수 있는 결과를 생각해 보라. 그렇게 하면 최악의 결과가 닥치더라도 더 잘

대비할 수 있다.

★ 패배로부터 교훈을 배우라! 극복되지 않은 장애물에 부딪히고 나서도 리더십을 배우고 익히지 못하게 되면, 경험은 헛수고가 되고, 부하들은 물론 자신도 속수무책의 피해자가 된다.

★ 중요한 일일수록 더 큰 저항을 받게 되며, 심지어 내부적인 지지와 충성심을 얻는 것도 쉽지 않은 상황을 만날 수 있다는 점을 항상 기억하라. 승리를 손쉽게 얻었다면 그 일이 얼마나 가치 있는지를 다시 살펴보아야 한다.

★ 여러분의 성취가 크면 클수록, 더 큰 반대, 고통, 낙담이 여러분 앞에 더 많이 나타날 것이라는 것은 당연하다. 미리 예상하라! 그리고 희생자가 되지 마라.

★ 여러분의 가장 값진 노력이 여러분의 동료들로부터 경멸을 받을 수도 있음을 알아야 한다. 왜냐하면, 여러분이 가장 잘하고 있을 때, 가장 큰 고통을 받는 사람들이 바로 그들이기 때문이다. 만약 여러분들이 하고 있는 일과 추구하는 바가 그런 사람들을 위협하지 않는다면, 여러분은 그저 하찮은 일을 하는 데 노력하고 있을 뿐이다.

★ 장애물을 극복하려면 마지막 젖 먹던 힘까지 필요할 때가 있으니, 이를 위해 마음 한구석에 힘의 일부라도 남겨 두어라. 물러날 때 재정비할 가능성이 조금도 보이지 않을 때는

절대로 모든 에너지를 낭비해서는 안 된다.

아아, 이제 이 모임에서 모닥불이 꺼지고 있다. 여러분들은 내가 고민했던 것으로부터 잘 배워서 여러분 스스로에게 도움이 되게 하라.

내가 가지고 있던 리더십의 비밀에 대한 이러한 통찰이 언젠가 여러분들이 퇴각을 결심하면서도 훗날 성공을 위한 야망을 다른 날에 다시 불러일으킬 수 있는 원동력이 되게 하라.

흉노 사람들은 살아 숨 쉬고 있는 한 모든 것을 잃지 않는다.

15
과거에서 교훈을 얻어라

해 질 무렵, 카탈루니아 평원은 약 162,000명에서 300,000명의 죽은 흉노 전사들의 시체로 뒤덮였다. 이는 아틸라의 평생 적수였던 아에티우스가 그의 군대에게 유일한 패배를 안겨 준 샬론 전투의 결과였다.

아에티우스는 전투가 시작될 때 지연 전술을 사용했다. 그는 결정적 전투가 시작되는 시기와 장소를 속이는 것이 아틸라를 자극하고 그의 군대의 사기와 결의를 약화시킬 것이라는 점을 알고 있었다.

전투가 지연되는 것에 당황한 흉노의 군대는 결국 오후가 되어서야 돌격하기 시작했다. 수천 기의 흉노 기마대가 땅을 박차고 나갔고, 지축을 흔들면서 전투에 돌입했다.

로마군의 방패는 아에티우스가 이미 알고 있던 적들의 쏟아지는 화살과 전진해 오는 흉노 무리들의 도끼와 창을 막아 내기에 충분했다.

흉노 기마대들의 공격은 이제 말에서 내려서 아에티우스의 지휘하에 있는 잘 훈련되고 훈련받은 보병들과 백병전을 시작하게 되었다.

로마인들의 청동 투구와 금속으로 만든 몸통을 감싼 갑옷은 흉노 병사들의 돌도끼를 무용지물로 만들었고, 흉노 병사들의 긴 창과 올가미들은 전투가 격렬해지면서 오히려 방해가 되었다.

아에티우스는 아틸라의 전술에 대한 자신의 지식을 라틴과 프랑크 출신의 군인들로 구성된 군대에서도 장점으로 활용했다.

아에티우스와 그의 강력한 무리들을 상대함에 있어서, 지난 전투에서 아틸라와 그의 군대가 만들어 낸 눈부신 성과들은 아무런 역할을 하지 못했다.

아에티우스가 철저하게 전투에 대비한 것과는 달리, 아틸라는 카탈루니아 평원에서 용감하게 싸우기는 했지만 자신도 부대도 패배에 대한 준비가 전혀 되어 있지 않았다.

아틸라, 패배로부터의 교훈에 대해 말하다

카탈루니아 평원에서 아에티우스가 이끄는 강력한 적들은 우리 흉노 전사들에게 낯선 전술을 사용했다.

간단히 말하자면, 내가 싸울 준비를 제대로 시키지 않았기 때문에 그 전투에서 많은 용감한 흉노의 병사들을 잃어버린 것이다.

우리는 말을 타고 다니면서 긴 창으로 적을 죽이고, 밧줄로 적을 끝까지 끌고 가는 신속한 기동력으로 특징지어지는 전략을 너무 오랫동안 써먹어 왔다. 우리의 전투복과 무장은 그러한 조건에서만 우리에게 쓸모가 있도록 만들어졌다. 방패, 투구, 갑옷 등을 갖춘 병사들을 상대로 한 보병 전투에는 적합하지 않았던 것이다. 적의 칼이 우리의 돌도끼보다 우수하다는 것도 입증되었다.

우리 전술은 과거 승리했던 경험에 바탕을 두고 만들어진 것이었다. 아에티우스의 지연전술에 우리의 규율과 인내심은 바닥을 드러냈었다. 우리는 너무 일찍 흥분했고, 그것은 우리의 고통스러운 패배로 이어졌다.

우리는 지는 것에 익숙하지 않았다. 우리는 늘 승자였다. 우리는 이제 뜨거운 태양 아래 널브러진 흉노 전사들의 죽음에 대해 연구해야 한다. 우리는 새로운 활력과 목적으로 조직을 다시 편성하고 준비해서 적에게 패배를 되갚아 주어야 한다.

우리가 잃어버린 자들을 위해 울부짖으면서 우리의 고통을 되새기고, 로마인들의 지배를 받지 않겠다는 강한 정신력으로 무장한 전사들의 힘으로 떨치고 일어서려면, 지난날 패배 속에서 제대로 된 교훈을 얻어야 한다!

이제, 나 아틸라가 지난날 '캐러밴의 백골"에 대해 연구하면서 모아 놓은 교훈을 여러분에게 전하고자 한다.

★ 우리 부대는 전투에서 지휘 가능한 조직이 되어야 한다. 부족장들과 흉노의 전사들을 좀 더 효율적으로 잘 편성함으로써 새로운 전투 계획을 세워야 한다. 우리는 우리의 기동력을 통제할 수 있는 전술을 사용해야 한다.

★ 우리는 익숙하지 않은 상황에서 성급하고 미친 듯이 공격하는 것을 삼가야 한다. 적이 사용하는 새로운 전술에 대한 준비가 허술해서는 안 된다. 우리는 우리의 모든 첩보 수단을 활용해서 적의 가능성 있는 방법을 탐지하고 평가하기 위해 적을 자세히 관찰해야 한다.

★ 전투 복장과 무장이 적보다 열세일 때는 절대 적과 교전해서는 안 된다. 앞으로 로마와의 전투에서는 가죽 투구는 쇠로 덮고, 우리 몸은 금속 가슴판으로 보호하고, 우리의 낡

---

1 캐러밴의 백골 : 카탈로니아 평원에서 죽은 흉노족 전사들의 주검을 의미하는 것으로 보임.

은 돌도끼를 버리고 검의 공격을 막기 위한 방패를 들고 다녀야 한다.
★ 우리의 숙련된 기병으로서의 기술은 새로 습득한 보병 기술로 보완되어야 한다. 이러한 전술에 대한 훈련은 우리의 전쟁 수행 능력의 균형을 맞출 것이다.
★ 우리는 투석기를 새로운 무기로 추가해야 한다. 기마대의 말발굽만 두드리는 간단한 동작만으로는 로마의 높은 성벽으로 만든 보루들을 무너뜨릴 수는 없기 때문이다.
★ 유목민 떠돌이 종족으로는 로마를 지배하고 세계를 정복한다고 생각할 수 없다. 우리도 도시를 건설해야 한다. 이 도시들은 우리의 계획에 필요한 요새화된 거점이 되어야 한다. 그런 도시들로부터 우수한 성능의 신무기로 무장하고 잘 훈련된 군대를 지원받을 수 있을 것이다.
★ 내부의 반대 없이 오랜 전통을 바꾸고, 군대를 재편성하며, 위대한 도시를 건설할 수 있다고 생각하지는 않는다. 너희 부족장들과 흉노 사람들 가운데는 우리의 과거 방식에 집착하는 자들이 분명 있을 것이다. 그런 자들에게 인내심을 보여 주긴 할 것이다. 하지만, 만약 여러분들 중에서 새로운 방침을 선택하지 않고 불화를 일으키면, 그런 자들은 방출될 것이다.
★ 미래에 대한 우리의 비전은 과거의 능력을 기반으로 해야

한다. 그러나 우리는 늘 새로운 도전과 기회를 예상해야 한다. 샬론 전투와 같은 고통을 다시 받는다는 것은 우리와 그들의 지도자와 전사들에게, 그리고 그들의 이해관계와 야망을 위해 헌신하는 우리 국민들에게 왕으로서 용납될 수 없는 것이다.

★ 과거를 분석하는 것에 소홀해서는 안 된다. 우리가 과거에 잘못된 사고와 절제되지 않은 전략을 이제는 고려하지도 않고 미래를 새롭게 준비한다고 해서 앞서간 훈노 전사들이 남긴 뜻까지 간과되어서는 안 된다. 우리는 새로운 정책과 관습을 잘 정의되고 명확한 목적을 가진 훈노 사람들의 단결력으로 만들어야 한다. 우리는 다시 한 번 그리고 영원히 모든 적들에 맞서서 세계를 정복하는 데 방해가 되는 걸림돌들을 극복하려는 계획을 세워야 한다.

이제 과거 '캐러밴의 백골'에 대한 연구를 통해 얻은 교훈에 대한 나의 조언을 마치면서 여러분에게 이별의 지혜를 남긴다.

급진적인 변화는 쉽지 않다. 급진적인 변화는 우리가 미래를 구상함에 있어서 과거로부터 배울 것이 없을 때에만 필요하다.

우리가 과거의 무능함을 버리는 데 있어 가장 큰 적은 모든 훈노 사람들의 이익을 얻을 수 있는 새로운 길을 찾고자 하는 여러분의 왕에게 열렬한 지지를 보여 주기를 꺼리는 것이다.

16
품위 있게 떠나라

아틸라의 죽음은 갑작스럽게 찾아왔다. 그가 조직적이고 가공할 만한 군대를 이끌고 로마 제국을 정복하기 위한 새로운 원정 길에 나서려고 하던 때에 그의 죽음이 닥친 것이다.

아틸라가 죽다니! 그의 전사들과 부족장들은 충격을 받았다. 여자들이 울었고, 아이들은 두려워하였다. 그들의 고귀한 왕이 영원히 사라져 버린 것이다! 흉노의 나라는 너무 이른 시기에 통합과 자존심, 리더십의 구심점을 잃었다.

비록 여전히 충격에 빠졌지만, 대제사장들은 장례식을 준비했다. 아틸라가 에첼부르크 광장의 높은 상여 위에 누워 있을 때, 카마 대제사장이 보이지 않는 흉노족의 영령들에게 그들의 왕이 어떻게 묻혀야 하느냐를 묻기 위해서 검은 말이 제물로 바쳐졌다.

아틸라를 3중으로 된 관에 묻으라는 응답이 있었다. 첫째는 태양과 같은 금으로, 둘째는 혜성의 꼬리와 같은 은으로, 셋째는 아틸라를 의미하는 강철로 만들라는 것이었다.

마지막 휴식을 취하는 곳에서 사랑하는 왕이 그 어떤 소란이라도 겪는 것을 막기 위해, 카마는 영령들로부터 아틸라를 티사강(Tisza River) 바닥에 묻으라는 응답도 얻어 냈다.

강의 작은 수로를 우회하기 위해 댐을 건설했고, 강바닥에 무덤이 마련되었다. 수천 명이 애절한 노래를 부르며 울부짖자, 장례 마차는 12마리의 검은 말에 이끌려 무덤 현장으로 향했고, 그 앞에는 주인이 없는 군마(軍馬) 빌람이 안장을 하고 검은 천을 두르고 있었다. 왕족, 귀족, 최고 전사들과 맨발의 흉노 병사들이 걸어서 관을 따라갔다.

동맹국 사람들까지 합류하여, 몇몇은 사흘간이나 장례 행렬을 따랐고, 추모객들의 행렬은 밤새도록 수천 개의 횃불을 들고 다녔다. 그러고 나서, 북소리와 군대의 나팔 소리를 끝으로, 아틸라는 휴식을 취하게 되었다. 이어서 둑이 무너지고, 앞으로 모든 악으로부터 그 장소를 지키기 위한 물살이 무덤 위로 흐르기 시작했다.

전설이 사라졌다. 훗날 그의 이름은 존경과 경멸을 동시에 받기도 하겠지만, '흉노의 왕! 아틸라'로 오랫동안 기억될 것이다.

아틸라, 품위 있게 떠나는 것에 대하여 말하다

어떤 지위가 되었든 흉노 전체 또는 어느 부족의 부족장의 위치에 임명되는 것은 기뻐할 만한 일이다. 제대로 된 리더들은 흉노 사람들이 리더 없이 할 수 있는 일과 리더와 같이 할 수 있는 일의 공백을 메워 준다.

각각의 부족장들은 그의 직위를 수락하는 과정에서 자신에게 부여되는 의무를 이행할 것이라는 개인적인 약속을 할 때 저마다의 개성이 나타난다. 새로운 부족장이 임명되고 나면, 그는 부하, 동료, 상급자의 시선 속에서 성장할 것인지 또는 성장을 하지 못할 것인지 곧 드러나게 된다.

만약 부족장이 그의 권위를 사용하는 데 신중하고 헌신적인 정신을 보여 주며 모든 의무가 충족되는 것을 본다면, 부족장은 입지를 넓힐 수 있을 것이다. 그러고 나면, 그는 그의 지휘 아래 있는 모든 흉노족들과 동료들과 상관들로부터 개인적인 충성심, 신뢰, 자신감 그리고 존경심을 얻게 될 것이다. 진정으로 뛰어난 부족장들은 능력 없는 지도자들에게 질투심을 불러일으킬 수도 있다.

그런 질투심에도 불구하고, 진정한 부족장과 흉노족 사람들 사이에는 강한 유대감이 형성될 것이다. 그들은 그를 본받기 시작할 것이다. 아마도 평상시의 대화에서도 그들은 그의 용기와 성격, 그리고 업적을 이야기의 주제로 삼을지도 모른다. 마침내, 그들은 그를 위해 지옥까지라도 따라갈 것이다. 그는 평범한 부족장을 넘어서기 때문이다. 그는 그들이 섬기는 사랑스러운 부족장이 된다.

시간이 흐를수록 부족장과 흉노 사람들 모두 객관성이 흐려지게 되고, 어떤 리더십의 지위에 있는 자는 자신의 자리가 덧없이 잠시 머무르는 자리일 뿐이라는 것을 기억하지 못하는 경향이 생긴다. 그러나 새로운 부족장이 임명되거나, 노령화, 죽음 등 어떤 이유에서든지 결국 가장 오래되고 가장 위대한 부족장조차도 자리에서 물러나게 될 것이다.

따라서 전임 부족장이 세상을 떠나고 그의 자리에 새로운 부족장이 임명되는 이때가 충성과 헌신이라는 강한 유대감을 키워 온 모든 이들의 삶에 있어서 가장 취약한 순간이다. 이러한 지도력, 영향력, 권력의 전환은 흉노족, 부족, 국가의 이익을 위해 외교와 의전의 절묘함으로 이루어져야 한다. 이러한 목적을 위해, 나는 품위 있게 함께 떠나는 것에 대해 부족장과 흉노 사람 모두에게 다음과 같은 조언을 주고자 한다.

★ 자신의 시대가 가고 새로운 부족장의 시대가 올 것이라는 것을 알고 미리 준비하는 자는 현명한 부족장이다. 이런 준비는 불안감을 조성하거나, 신뢰와 책임을 잃어버리는 것

을 방지하기 위해서 오랜 시간을 두고 준비되어야 한다.

★ 떠나는 부족장이 자신을 잘 보필해 준 여러 사람들에게 감사를 표하고, 특히 그들이 자신을 더 강하고 능력 있게 만들어 주었던 것을 인정해 주고 감사를 표하는 것은 훌륭한 태도이다.

★ 흉노 사람들이 떠나는 부족장에게 경의를 표하는 것은 고귀한 일이다. 흉노 사람들은 모두 그가 이룬 공로를 인정해 주고 감사를 표해야 한다.

★ 떠나는 부족장이 자신의 뒤를 잇는 새 부족장이 흉노 사람들을 잘 섬길 것이며, 그들의 생활환경까지도 더 개선시켜 줄 것이라고 믿음을 주는 것은 고귀한 일이다. 이러한 표현은 설사 형식적으로 제공되더라도 남아 있는 흉노 사람들의 불안과 걱정의 순간을 줄여 줄 수 있다.

★ 떠나는 부족장이 그의 지휘하에 있던 흉노 사람들에게 절대로 영향력을 행사하지 않는 것은 훌륭한 태도이다. 만약 그가 이전의 영향력을 계속 행사하게 되면, 새로운 부족장의 권위와 책임을 뒤엎는 것이 된다. 설사 한때 그의 조언을 신뢰하던 부하들의 순수하고 진심 어린 간청을 받아 초빙되었다 하더라도, 예전 부족장의 그러한 행동은 파괴력이 있을 것이다. 이러한 유형의 모든 간청은 거절되어야 하며, 이전 부족장은 예전의 부하들에게 그들의 새로운 부족

장에게 조언을 구하도록 방향을 제시해 줌으로써 새로운 부족장에 대한 그의 언약을 재확인시켜 주어야야 한다.

★ 전직 부족장이 얼마나 불쾌하고 불명예스럽게 물러났든지 간에, 새 부족장은 전임 부족장에 대한 무례한 말을 퍼뜨리거나 용납해서는 안 된다. 그렇게 나쁜 말을 한다고 해서 지나간 일이 바뀌거나 사람들에 대한 이해를 높이는 데 도움이 되지는 않을 것이다. 나쁜 말을 하는 것은 새 부족장의 위신을 더럽힐 뿐이다.

★ 만약 어떤 경고나 준비 없이 새로운 부족장을 맞이해야 한다면, 부족 전체에 엄청난 혼란이 일어날 것이다. 이런 상황은 모두에게 매우 어려운 상황이 될 것이다. 높은 위치에 있는 흉노의 원로와 부족장들은 신속히 협의회를 구성하고 새 리더를 뽑아야 한다. 우리 흉노 사람들은 이렇게 좋지 않은 상황에서 자신들의 부족장에게 힘과 용기와 방향 설정을 기대하기 때문이다.

 흉노의 왕 아틸라, 나도 언젠가는 나의 통치권도 물려줘야 하겠지만, 이 피할 수 없는 순간에 대비하기 위해 제대로 준비했다는 생각이 들어야 나의 지난날들이 감미로울 것 같구나!
 그리고 내가 잘 준비했다면, 여러분들은 앞으로도 지속적으로 흉노 사람들의 삶을 개선하려는 연합된 부족 형태의 나라로 살게 될 것이다.

 충성심이란 것은 그의 개인적인 매력에 관계없이 오직 사람에게만 모아져서는 안 된다. 흉노족의 충성심은 누가 통치하든지 주저 없이 흉노의 국가에 이바지하겠다는 의지가 모두의 마음속에 골고루 퍼져 있어야 한다.

아틸라가 그의 후계자를 계승하지 않았다는 것을 독자들이 이해하는 것은 아마도 중요할 것이다. 그의 죽음 이후 그의 관점의 풍부함이나 그의 헌신의 깊이를 가진 최고위자나 왕자는 나타나지 않았다. 흉노족은 다시 분열되었고, 대부분의 부족들은 그들의 유목 생활을 재개했으며, 전투는 패배했고 한때 강대국이었던 나라는 더 큰 유럽으로 흡수되었다. 그의 뒤를 이어 가려 했던 왕자와 족장들의 허영심은 결국 나라를 멸망시켰다. 그들은 단지 자신의 이익보다는 국가의 이익을 먼저 추구했던 아틸라로부터 배우는 데 실패했다.

아틸라이즘(Attilaisms)
: 엄선된 아틸라의 생각들

▷ 조언과 자문 (Advice And Counsel)

서면으로 하는 보고는 왕이 읽지 않으면 의미가 없다.
Written reports have purpose only if read by the king.

동의만 할 줄 아는 부족장들과 함께 있는 왕은 평범한 조언 외에는 들을 수 없다.
A king with chieftains who always agree with him reaps the counsel of mediocrity.

현명한 부족장은 나쁜 소식을 가지고 온 병사를 절대로 죽이지 않는다. 오히려, 현명한 부족장은 나쁜 소식을 전하는 데 실패한 병사를 죽인다.
A wise chieftain never kills the Hun bearing bad news. Rather, the wise chieftain kills the Hun who fails to deliver bad news.

엉뚱한 질문을 하는 부족장은 엉뚱한 대답만 들을 수밖에 없다.
A chieftain who asks the wrong questions always hears the wrong answers.

현명한 부족장은 대답을 듣고 싶지 않은 질문을 절대 하지 않는다.
A wise chieftain never asks a question for which he doesn't want to hear the answer.

▷ 특성 (Character)

누가 얼마나 훌륭한 흉노 사람인지에 대한 평가는 나라를 위해 기꺼이 바치려는 희생의 정도에 따라 좌우된다.
The greatness of a Hun is measured by the sacrifices he is willing to make for the good of the nation.

부족장은 항상 평범함을 넘어서야 하고, 부하들에게도 똑같이 하도록 해야 한다.

A chieftain should always rise above pettiness and cause his Huns to do the same.

부족장이 용기를 잃으면 이길 수 없다. 그는 자신감을 갖고 혼자 일어서야 하며, 설사 그가 이기지 못하더라도 최선을 다했다는 것을 알 수 있도록 해야 한다.

A chieftain cannot win if he loses his nerve. He should be self-confident and self-reliant and even if he does not win, he will know he has done his best.

부족장은 성공하기 위해 똑똑할 필요는 없지만, 승리에 대한 끊임없는 갈망, 자신의 명분에 대한 절대적인 믿음, 그렇지 않으면 자신의 의지를 꺾으려는 사람들에게 저항할 수 있는 무적의 용기를 가져야 한다.

A chieftain does not have to be brilliant to be successful, but he must have an insatiable hunger for victory, absolute belief in his cause and an invincible courage that enables him to resist those who would otherwise discourage him.

자기중심적이고 자만하며 자기 감탄에 빠진 부족장은 드물지만, 그들은 자기 스스로를 우상화하려는 자일 뿐이다.
Seldom are self-centered, conceited and self-admiring chieftains great leaders, but they are great idolizers of themselves.

위대한 부족장들은 자신을 아주 엄청난 인물로 생각하지 않는다.
Great chieftains never take themselves too seriously.

현명한 부족장은 적응할 뿐, 타협하지 않는다.
A wise chieftain adapts – he doesn't compromise.

병사들과 술을 같이 마실 때의 부족장은 그들과 하나가 되어 더 이상 그들의 부족장이 아니어야 한다.
Chieftains who drink with their Huns become one with them and are no longer their chieftain.

약한 부족장 주위에는 약한 훈노 병사들뿐이다.
Weak chieftains surround themselves with weak Huns.

강한 부족장 주위에는 강한 훈노 병사들뿐이다.
Strong chieftains surround themselves with strong Huns.

부족장이 큰 성공을 거둘수록, 다른 사람의 질투는 점점 커지게 마련이다.

As a chieftain achieves greater success, the jealousy others feel for him intensifies.

▷ 용기 (Courage)

흉노의 병사들은 어려움을 이겨 내는 것이 그들 인생에 영향을 주는 좋은 경험이라는 것을 어릴 때부터 배워야 한다.

Huns must learn early that working through a hardship is an experience that influences them all the days of their lives.

역경에 대처하고 실수를 극복하는 방법을 배운 사람이 성공한다.

Successful Huns learn to deal with adversity and to overcome mistakes.

기꺼이 대가를 치르고자 하는 흉노 사람은 무엇이든 이룰 수 있다. 원래 계급이 올라갈수록 경쟁자는 적어지기 마련이다.

A Hun can achieve anything for which he is willing to pay the price. Competition thins out at the top of the ranks.

▷ 의사결정 (Decision Making)

모든 결정은 어느 정도의 위험을 수반하기 마련이다.
Every decision involves some risk.

시간이 흘러간다고 해서 왕이나 훈노 사람들이 처한 상황이 항상 좋아지는 것은 아니다.
Time does not always improve a situation for a king or his Huns.

무자격자가 판단 및 의사결정을 하는 경우에는 근본적인 오류를 피할 수 없다.
Fundamental errors are inescapable when the unqualified are allowed to exercise judgment and make decisions.

빠른 결정이 항상 최선의 결정인 것은 아니다. 그렇다고 해서, 느린 결정이 항상 최선의 결정인 것도 아니다.
Quick decisions are not always the best decisions. On the other hand, unhurried decisions are not always the best decisions.

부족장은 어떤 상황이든 절대로 성급하거나 정면으로 대립해서는 안 된다.

Chieftains should never rush into confrontations.

자신의 의사결정에 대한 부족장의 자신감은 흉노 사람들이 이름만 거들먹거리며 딴소리하는 것을 미연에 방지해 준다.

A chieftain's confidence in his decision making preempts name-dropping to his Huns.

전선에서 멀리 떨어진 본부의 부족장이 최종 결정권을 가져서는 안 된다. 전장에서는 현장 지휘자만이 상황을 알 수 있으며, 가능성을 예측할 수 있을 뿐이다.

It is unfortunate when final decisions are made by chieftains headquartered miles away from the front, where they can only guess at conditions and potentialities known only to the captain on the battlefield.

승리의 결과가 좋지 않을 때, 부족장은 자신의 부하를 전쟁터로 내몰아서는 안된다.

When victory will not be sweet, the chieftain must keep his Huns from war.

어려운 결정을 내릴 수 있는 능력으로 부족장이냐 일반 훈노족
이냐를 구분할 수 있다.
The ability to make difficult decisions separates chieftains from Huns.

▷ 권한 위임 (Delegation)

현명한 부족장들은 그들의 약점이 강점보다 많은 상황에서는 결
코 그들의 부하들을 전투에 투입하지 않는다.
Wise chieftains never place their Huns in situations where their weaknesses will prevail over their strengths.

훌륭한 부하들은 보통 부족장이 그들로부터 기대하는 바를 이루
어 낸다.
Good Huns normally achieve what their chieftain expects from them.

현명한 부족장은 부하들이 그들의 지혜와 이해한 것 이상의 행
동을 해 주기를 결코 기대해서는 안 된다.
A wise chieftain never expects his Huns to act beyond their wisdom and understanding.

현명한 부족장은 항상 그 자리까지 오를 능력이 있는 부하에게 힘든 임무를 부여한다.
A wise chieftain always gives tough assignments to Huns who can rise to the occasion.

포기는 위임이 아니다. 포기는 나약함의 표시다. 위임은 강인함의 표시다.
Abdication is not delegation. Abdication is a sign of weakness. Delegation is a sign of strength.

▷ 부족장 키우기 (Developing Chieftains)

강한 부족장은 항상 강한 약점을 가지고 있다. 왕의 의무는 부족장의 장점을 살려 주는 것이다.
Strong chieftains always have strong weaknesses. A king's duty is to make a chieftain's strengths prevail.

흉노 사람들은 성공에서 배우는 것보다 실패에서 더 많이 배운다.
Huns learn less from success than they do from failure.

흉노족은 역경에 직면했을 때 훨씬 더 빨리 배운다.
Huns learn much faster when faced with adversity.

훌륭한 부족장은 경험이 부족한 부하에게 위임하는 위험을 감수하면서까지 그들의 리더십을 강화하기 위해 노력한다.
A good chieftain takes risks by delegating to an inexperienced Hun in order to strengthen his leadership abilities.

부하들의 경험은 그들이 부족장으로 임명되었을 때 필요로 하는 품성을 개발시키기 위해 그들의 경험을 더 넓고 깊게 할 수 있도록 구조화되어야 한다.
The experience of Huns must be structured to allow them to broaden and deepen themselves to develop the character they will need when appointed a chieftain.

부하들은 연속적으로 더 높은 수준의 책임과 적절한 도전이 주어졌을 때 부족장이 될 준비가 가장 잘된다.
Huns are best prepared to become chieftains when given appropriate challenges at successively higher levels of responsibility.

부족장이 되는 것이 쉬웠다면 모두가 부족장이 되었을 것이다.
If it were easy to be a chieftain, everyone would be one.

도전 없이는, 부하의 잠재력은 결코 현실로 나타나지 않는다.
Without challenge, a Hun's potential is never realized.

적절한 스트레스는 부족장이 될 사람들의 능력을 개발하는 데 필수적이다.
Appropriate stress is essential in developing chieftains.

▷ 외교와 정치(Diplomacy And Politics)

정치적 논쟁이 있을 때, 흉노 사람은 항상 그 이면을 주시하고 있어야 한다.
When in a political war, a Hun must always keep an eye to the rear.

흉노족이 승리하는 본질은 '언제?', '어디서?'라는 질문에 해답이 있다.
The essence of hunnish victory lies in the answers to the questions Where? and When?

흉노족은 이길 수 있는 전쟁에만 참가해야 한다.

Huns should engage only in wars they can win.

외교 실패의 결과로 전쟁을 할 수도 있지만, 외교가 시작되기 위해서 전쟁이 필요할 수도 있다.

Huns may enter war as the result of failed diplomacy; however, war may be necessary for diplomacy to begin.

흉노 사람들에게 갈등은 자연스러운 상태이다.

For Huns, conflict is a natural state.

흉노 사람들은 목적 없이 적을 만들지 않는다.

Huns only make enemies on purpose.

흉노 사람은 외교로 얻을 수 있는 것을 절대 힘으로 취하지 않는다.

Huns never take by force what can be gained by diplomacy.

부족장은 아무리 앞뒤가 꽉 막힌 적이라 할지라도 환대, 따뜻함, 예의로 그들의 마음을 잡을 수 있음을 명심해야 한다.

Chieftains should remember that hospitality, warmth and

courtesy will captivate even the most oppressive foe.

부족장은 종종 그들이 가장 신뢰하는 사람들에게 배신당한다.
Chieftains are often betrayed by those they trust most.

▷ 목표 (Goals)

피상적인 목표는 피상적인 결과를 낳는다.
Superficial goals lead to superficial results.

부하들이 국가적 목표가 개인적 목표만큼 중요한 것처럼 행동한다면 우리는 더 많은 것을 이룰 수 있을 것이다.
As a nation, we would accomplish more if Huns behaved as though national goals were as important to them as personal goals.

흉노족의 성공에 결정적인 것은 그들의 왕이 무엇을 원하는지에 대한 명확한 이해이다.
Critical to a Hun's success is a clear understanding of what the king wants.

목적이 없는 흉노족은 언제 그것을 성취했는지 모른다.
A Hun's without a purpose will never know when he has achieved it.

부하들의 순응으로 항상 원하는 성과를 거두는 것은 아니다.
A Hun's conformance does not always result in desired performance.

부족장들은 항상 평범한 안전한 길을 찾기보다는 변화를 가져올 수 있는 높은 목표를 세워야 한다.
Chieftains should always aim high, going after things hat will make a difference rather than seeking the safe path of mediocrity.

▷ 리더와 리더십 (Leaders And Leadership)

왕에게 아무리 지금 당장 필요한 사람들이 있더라도, 항상 최고의 흉노 사람을 부족장으로 임명해야 한다.
Kings should always appoint their best Huns as chieftains, no matter how much they are needed in their current position.

부족장을 대행할 사람은 절대로 임명하지 말라. 가장 유능한 부하에게 책임을 주고, 책임과 권한을 부여한 다음 책무를 수행하게 하라.

Never appoint acting chieftains. Put the most capable Hun in charge, give him both responsibility and authority, then hold him accountable.

현명한 부족장은 결코 운에 의존하지 않는다. 오히려 그는 항상 근면, 체력, 끈기, 긍정적인 태도를 통해서 자신의 미래를 믿을 뿐이다.

A wise chieftain never depends on luck. Rather, he always trusts his future to hard work, stamina, tenacity and a positive attitude.

현명한 부족장은 자신이 부하들의 복지를 책임진다는 것을 알고 그에 따라 행동한다.

A wise chieftain knows he is responsible for the welfare of his Huns and acts accordingly.

흉노의 지도자가 되는 것은 종종 외로운 일이다.

Being a leader of the Huns is often a lonely job.

일단 전투에 들어가면, 부족장들은 교착 상태가 아니라 승리를 독촉해야 하며, 타협을 위해 노력해서는 안 된다.
Once committed to action, chieftains must press for victory, not for stalemate – and surely not for compromise.

부족장과 부하의 관계를 가장 잘 융합시키는 것은 위험을 함께 하는 것이다.
Shared risk-taking will weld the relationship of a chieftain and his Huns.

강한 부족장은 부하의 성과를 자극하고 고무시킨다.
Strong chieftains stimulate and inspire the performance of their Huns.

부족장은 적절한 시기에 올바른 질문을 할 수 있는 능력을 길러야 한다.
The best chieftains develop the ability to ask the right questions at the right time.

부족장이 뒷자리에 앉아 있으면 절대로 책임자가 될 수 없다.
A chieftain can never be in charge if he rides in the rear.

▷ 인식과 대중 (Perceptions And Publicity)

어려운 시기일수록 국가는 항상 가장 수준이 빼어난 부족장을 리더로 부를 것이다.
In tough times, the nation will always call the meanest chieftain to lead.

자신을 너무 대단하게 생각하는 훈노 사람은 균형감을 잃는다.
A Hun who takes himself too seriously has lost his perspective.

훈노 사람은 현실을 그 자체로 인식한다.
A Hun's perception is reality for him.

바쁜 것처럼 보이는 부하가 항상 열심히 일하는 것은 아니다.
Huns who appear to be busy are not always working.

여러분의 친구와 적들이 여러분을 좋게 말하는 것이 가장 좋다. 그러나 그들은 여러분을 나쁘게 말하는 것이 아무 말도 하지 않는 것보다 낫다. 부하에 대해 아무 말도 할 수 없다면, 그는 아마도 제대로 하는 것이 아무것도 없을 것이다.
It is best if your friends and foes speak well of you; however, it

is better for them to speak poorly of you than not at all. When nothing can be said of a Hun, he has probably accomplished nothing very well.

대부분의 부족장들이 생각하는 것과는 달리, 당신은 과거에 당신이 한 일 때문에 기억되는 것이 아니라, 대부분의 부하가 당신이 했다고 생각하는 것에 의해 기억된다.

Contrary to what most chieftains think, you're not remembered by what you did in the past, but by what most Huns think you did.

▷ 개인적 성취 (Personal Achievement)

훌륭한 흉노족이 되는 것이 나쁜 부족장이 되는 것보다 더 소중하다.

There is more nobility in being a good Hun than in being a poor chieftain.

심지어 로마인들도 그들이 다른 사람들에게 가져다준 불행을 견딜 수 있는 힘을 가지고 있다.

Even the Romans have the strength to endure the misfortunes they bring on others.

흉노족이 모두 장님이라면 외눈박이 전사가 왕이 될 것이다.
If all Huns were blind, a one-eyed warrior would be king.

위대한 부족장들은 더 중요한 일을 하기 위해 어떤 상황에서는 실패를 받아들인다.
Great chieftains accept failure at some things in order to excel in more important ones.

모든 흉노족 사람들은 자신의 삶의 환경과 경험을 성공으로 만들 책임이 있다 - 그것이 누구라 하더라도 자신이 스스로 하지 않는 것을 다른 사람에게 줄 수 없다.
Every Hun is responsible for shaping his life's circumstances and experiences into success – no other Hun, and certainly no Roman, can do for a Hun what he neglects to do for himself.

▷ 문제와 해결책 (Problems And Solutions)

흉노 사람들은 문제보다는 기회에 초점을 맞추는 법을 배워야 한다.

Huns should be taught to focus on opportunities rather than on problems.

어떤 흉노족 사람들은 아무런 문제가 없는 해결책을 가지고 있다.
Some Huns have solutions for which there are no problems.

▷ 보상과 처벌 (Reward And Punishment)

무능한 부족장이 제거되어야 한다면, 우리는 그다음 높은 직위의 부하를 그 자리에 임명하는 일이 거의 없다. 왜냐하면 부족장이 실패했을 경우 그 수하에 있는 부하들도 마찬가지로 실패한 것이기 때문이다.
If an incompetent chieftain is removed, seldom do we appoint his highest-ranking subordinate to his place. For when a chieftain has failed, so likewise have his subordinate leaders.

흉노 사람들에게 그가 일을 잘하고 있지 않을 때 그가 일을 잘하고 있다고 말하면, 그는 곧이듣지 않을 것이고, 더 나쁜 것은 칭찬이 정당할 때마저도 믿지 않을 것이다.
If you tell a Hun he is doing a good job when he isn't, he will not

listen long and, worse, will not believe praise when it is justified.

▷ 관용 (Tolerance)

모든 흉노족 사람들은 나쁜 본보기가 되더라도 가치가 있다.
Every Hun has value – even if only to serve as a bad example.

무능한 부족장을 임명하는 실수는 그를 다른 흉노 사람들에 대한 권위를 행사하는 자리에 앉혔다는 것이다.
The error in appointing an incompetent chieftain is in leaving him in a position of authority over other Huns.

부족장의 강점을 활용하기 위해서 우리는 그들의 약점 중 일부를 용인해 줘야 한다.
To experience the strength of chieftains we must tolerate some of their weaknesses.

평범하지만 충성스러운 흉노 사람들을 위해서는 오랜 고통도 감수하라. 유능하지만 충성스럽지 못한 흉노 사람들 때문에 고통받지는 마라.

Suffer long for mediocre but loyal Huns. Suffer not for competent but disloyal Huns.

▷ 훈련 (Training)

흉노 사람들의 적절한 훈련은 전쟁에 대비하기 위해 필수적인 것이며, 평화로운 시기라고 해서 부족장들이 훈련을 무시해서는 안 된다.
Adequate training of Hun is essential to war and cannot be disregarded by chieftains in more peaceful times.

가르치는 기술은 흉노 사람들을 위한 것이다. 배우는 기술은 부족장들을 위한 것이다.
Teachable skills are for developing Huns. Learnable skills are reserved for chieftains.

당신의 부하들을 제대로 훈련시키지 않으면 그들로부터 기대되는 성과를 얻어 낼 수 없다.
The consequence for not adequately training your Huns is their failure to accomplish that which is expected of them.